ECKART BÖHMER

Kaspar Hauser
und die Apokalypse des Johannes

ECKART BÖHMER

Kaspar Hauser

und die Apokalypse des Johannes

Zwei Vorträge

INFO3 VERLAG

Schriften aus dem Kaspar Hauser Forschungskreis Band 3
Herausgegeben vom Kaspar Hauser Forschungskreis
im Karl König Institut Berlin
www.kaspar-hauser.net

ISBN 978-3-95779-164-1
Zweite Auflage 2024

Umschlaggestaltung und Satz: Winfried Altmann
Umschlag unter Verwendung einer Aquarellstudie von
Kaspar Hauser, 1833. Privatbesitz

Druck und Bindung: Jelgavas Tipogrāfia, Jelgava, Lettland

INHALT

VORWORT

Bereits im Jahre 2012 verfasste ich die Erzählung: «Der Engel mit dem Schlüssel zum Abgrund»*, in der auf künstlerische Weise Kaspar Hauser im Kontext der Johannes-Apokalypse in Erscheinung tritt. Nun aber war durch die Zeichen der Zeit der Moment gekommen, diese Studien weiter zu führen und sie in Vorträge zu kleiden. Und so habe ich ab 2020 begonnen, über die Thematik in vielen Städten Deutschlands und der Schweiz zu referieren. Die beiden hier in diesem Buch abgedruckten Vorträge sind Transskriptionen der im April 2022 an der Ostküste Amerikas gehaltenen Vorträge, die anlässlich des dortigen dritten Kaspar-Hauser-Festivals stattfanden.

Kurz nachdem Kaspar Hauser im Dezember 1833 gewaltsam zu Tode kam, erschien ein Bänkellied, dessen Autor unbekannt blieb. Darin findet sich eine kurze vierzeilige Strophe, die ich die «apokalyptische» nenne, denn auf kleinstem Raum ist eine ganz entscheidende Qualität der Offenbarung des Johannes zum Ausdruck gebracht. Bezüglich Kaspar Hauser ist da zu lesen:

Flüsternd sprach man, dass seine Stirne
bestimmet sei für einer Krone Zier,
doch mit teuflischem Gehirne
macht man aus dem Knaben fast ein Tier.

*«Kaspar Hauser und die Frage ward Fleisch». Info3 Verlag 2016

Denn an diesem Scheideweg steht die Menschheit heute, mehr denn je: Steigt sie weiterhin auf zu der ihr möglichen königlichen Würde, oder «zuckt sie zurück in die Tiergestalt», wie Rudolf Steiner es nennt?

Und wenn wir die Apokalypse tiefer und tiefer verinnerlichen, so wissen wir, es wird beides geschehen! Entscheidend nur ist, dass der aufsteigende Anteil der Menschheit von solcher Liebeskraft sein möge, dass er den fallenden Anteil auszugleichen und zu heilen vermag. In diesem Ringen aber ist Kaspar Hauser von entscheidender Bedeutung!

Das Büchlein, mein inzwischen viertes über Kaspar Hauser, ist recht schmal, und doch notwendig! In einem dann in den nächsten Jahren erscheinenden fünften Buch hoffe ich, eine umfassende Quintessenz bezüglich Kaspar Hauser zu Papier bringen zu können.

Ansbach, im Mai 2022 *Eckart Böhmer*

VORTRAG I

Seien Sie herzlich willkommen!

Es ist ein Mysterium, das uns in Kaspar Hauser begegnet und das uns heute hier zusammenführt! Welche Kraft es hat, dieses Mysterium, Menschen zusammenzuführen! Gerade er, der in seinem Verlies niemals einem Menschen begegnen sollte, führt über all die langen Zeiten Menschen zusammen, Menschen, die guten Willens sind, das wahre Menschsein zur Blüte bringen zu wollen. Und er wird dieses Zusammenführen bis in ferne Zeiten hervorrufen wollen und uns gerne daran erinnern, was für ein Segen es ist, wenn ein Ich am Ich des Anderen erwachen kann zu sich selbst!

Wie können wir das Mysterium Kaspar Hauser noch tiefer und immer tiefer ins Bewusstsein heben?

Ein Weg, der uns hierbei behilflich sein kann, ist, ihn zu erkennen als ein Zeichen, als ein fleischgewordenes Zeichen! Ja, sein ganzes Wesen scheint zutiefst Zeichen zu sein, alles an ihm wirkt zeichenhaft. Dies wohl inspirierte den großen Literaten Jakob Wassermann zu jenem berühmten, Kaspar Hauser betreffenden Vers: «Zum Symbol wird die Gestalt»! Und wenn wir bedenken, dass der Nürnberger Stadtgerichtarzt Dr. Preu bei seiner Diagnose des Findlings zu der überraschenden Erkenntnis kam, dieser habe ein «wahrhaft heiliges Wahrheitsgefühl», und wenn wir bedenken, dass Kaspar Hausers Lehrer zu Nürnberg, Georg Friedrich Daumer, von seinem Schüler sagte, er habe eine «rigoroseste Wahrheitsliebe», und wenn wie dann noch bedenken, dass Rudolf Steiner in einem Vortrag aus dem Jahre 1908, ebenfalls just in Nürnberg, von Kaspar Hausers «geradezu eingeborener Wahrhaftigkeit» sprach, dann können wir bereits erahnen: Kaspar Hauser ist so wahr in seiner Zeichenhaftigkeit, dass wir ihn benennen können als ein «Wahr-Zeichen». Ein Wahrzeichen, das zu einer Zeit in die Welt tritt, in der die Lüge immer mehr und mehr die Zivilisation des Menschen zu prägen beginnt!

Und davon kündet auch der Brief, der dem Jüngling mitgegeben wurde bei dessen Aussetzung in Nürnberg: er beinhaltet eine komplexe Lüge, die gegen Ende aber nicht nur lügenhaft bleibt, sondern gar diabolischen Charakter annimmt! Denn derjenige, der vorgibt, als armer Tagelöhner das Kind über lange Zeiträume aufgezogen zu haben, schreibt plötzlich dem Adressaten, er solle das Kind, so er es nicht behalten könne, «abschlagen oder im Rauchfang aufhängen»! Und wann geschieht diese Aussetzung? Sie geschieht just zu Pfingsten! Pfingsten aber ist jenes Ereignis, in dem sich der «Geist der Wahrheit» auf die Jünger herniedersenkt!

Wofür aber ist Kaspar Hauser ein Zeichen? Die möglichen Antworten hierauf sind sehr vielfältig. Wählen wir hier zu Beginn des Vortrages eine Qualität aus, in der er von wichtiger Zeichenhaftigkeit ist, eine Qualität, die in einem Gespräch, das Ita Wegman einmal mit Rudolf Steiner hatte, in klaren Worten zum Ausdruck kommt.

Ita Wegman schreibt: «Und so erinnere ich mich an ein Gespräch, das ich mit Rudolf Steiner einmal haben konnte, in dem er über das bedeutungsvolle Geschehen sprach, das sich ereignete durch das geheimnisvolle Auftreten von Kaspar Hauser, das auch damals alle Welt beschäftigte. Er wies darauf hin, dass das Wesentliche eines solchen rätselhaften Geschehens gerade darin liege, dass alle Gemüter dadurch gezwungen waren, sich mit einem solchen durchaus ungewöhnlichen Ereignis zu beschäftigen, das aus dem Alltagsleben nicht zu verstehen war. Es war der Versuch der Geistigen Welt, die Menschen mitten in der meist materialistischen Zeit daran zu erinnern, dass es noch etwas anderes gibt, als was das philiströse Denken sich träumen lässt. Und so treten von Zeit zu Zeit solche wie Wunder wirkende Geschehnisse auf, die man nur durch ein Wissen von der Geistigen Welt verstehen kann, und die, weil sie so unergründlich sind, alle Menschen beschäftigen und die Menschen wieder an die Realität des Geistigen erinnern.»

Kaspar Hauser also war ein Versuch der Geistigen Welt, den Menschen zu erinnern an seine eigentliche Natur, an seinen eigentlichen Ursprung. Dies war notwendig geworden, da der Mensch immer weniger der Erkenntnis mächtig war, ein Geistiges Wesen zu sein. In alten Zeiten, bevor etwa um das Jahr 3000 vor Christus sich die Tore zur Geistigen Welt für den Menschen schrittweise verschlossen hatten und somit das «Finstere Zeitalter» begann, da hatte der Mensch noch eine Wahrnehmungsgabe, sich als Geist unter Geistern zu erleben. Diese Fähigkeit aber schwand mit den Zeiten in einer derartigen Art und Weise, dass, als das 19. Jahrhundert nach Christus gekommen war, bereits eine solche Geistferne herrschte, dass Rudolf Steiner dieses Jahrhundert als das gottverlassenste bezeichnete, das jemals gegeben war! Und doch lebten just damals, wie wir wissen, solche Persönlichkeiten wie Goethe, wie Schiller, Hölderlin und Herder, wie Humboldt, Fichte, Novalis, Hegel und Schelling und viele, viele weitere erlauchte Geister, so dass wir uns fragen müssen, wie gottverlassen mag dann wohl erst unsere Zeit, unser Jahrhundert sein?

Der Mensch also war immer diesseitiger geworden, und somit ging ihm in seiner Erkenntnisfähigkeit sein wahrer Ursprung, sein wahres Wesen immer umfassender abhanden. Und indem ihm sein wahrer Ursprung, das «Woher» wegbrach, brach ihm auch sein «Wohin» weg! Der Mensch aber glich dadurch, um ein griffiges Bild zu wählen, immer mehr einem Zollstock, dessen beide Enden wegbrachen! Das aber, was von dem Zollstock übrig blieb, es konnte nur noch Bruchstück sein. Ein Stückwerk, von dem man allerdings jeden Millimeter, jeden Nanometer zu erforschen und zu analysieren und zu durchleuchten begann, bis man nahezu alles wusste von nahezu nichts. Das aber wissen wir aus der Mathematik, wenn wir auch unendlich viel mit immer weniger multiplizieren, so geht das Ergebnis am Ende doch gegen Null. Am Ende weiß man Alles von Nichts!

Das ist die letzte Konsequenz des reinen Materialismus, der in einem tatsächlichen Agnostizismus, einer tatsächlichen Geistverleugnung gründet! Das Leben wird dann empfunden als eine Strecke zwischen Geburt und Tod, und bleibt somit auf der Strecke. Am Ende wird der Körper (soma) zum Grab (sema) und der Mensch zu einem lebendig Begrabenen. Und genau dafür ist Kaspar Hauser zum Zeichen geworden. Als er in der Welt erschien und man begann, von seinem langen Kerkerleben zu wissen, wurde er bereits sehr bald als ein «lebendig Begrabener» beschrieben! Und doch erfährt man dann von diesem «lebendig Begrabenen» nahezu alles. Man weiß von ihm, wann er an welchem Tag was aß, wann er an welchem Tag wie auf ein Gewitter, auf eine Spinne, auf eine Schlange reagierte, wann er welche Reaktionen auf welches homöopathische Medikament hatte, wann er wie welche Metalle durch reines Fühlen unterscheiden hat können, wann er in welcher Nacht was träumte, ja selbst, wann er an welchem Tag welchen wie gearteten Stuhlgang hatte. Ja, man weiß von ihm wohl mehr als über jeden anderen Menschen des frühen 19. Jahrhunderts. Und doch weiß man das Eigentliche nicht, woher er denn kam, wer er denn ist, wohin es denn mit ihm gehen soll! Dafür ist Kaspar Hauser in der Menschheitsgeschichte zu einem eindringlichen Zeichen geworden, für das «Eingesargt-Sein» zwischen Geburt und Tod. Und da Geburt und Tod nicht mehr in ihrer Größe und Würde als die Pforten haben erkannt werden können, die sie im Eigentlichen sind, drohten die Mysterien der «Ungeborenheit» und der «Unsterblichkeit» wegzubrechen. Dieses Zeichenhafte gilt es verstehen zu lernen und zu deuten. Denn, je länger der Mensch auf der Erde verweilt im Verkennen seiner wahren Identität, desto mehr wird es ihm ergehen, wie es Kaspar Hauser ergangen ist! Auch dies nimmt er als große Warnung zeichenhaft voraus!

Das lebendig Begraben-Sein aber ist eine der Urängste des Menschen an sich, die so weit führte, dass man in früheren Zeiten Glöckchen im Inneren der Särge montierte, falls der Beigesetzte doch aus dem eventuellen Tode erwachen sollte, um auf sich aufmerksam machen zu können. In gewisser Hinsicht ist die Menschheit heute in der Zeit angelangt, in der sie permanent, schrill und unerträglich laut, diese Glocken klingeln hört, oder sind es bereits Posaunen, die auf das Wehklagen des lebendig begrabenen Menschen verweisen, der auf seine Not aufmerksam macht und hofft, dass er aus seinem Sarg heraus befreit werden möge! «Mensch, komm heraus»!

Dieses Finstere Zeitalter aber, das Kali Yuga, es wollte zu einem Ende kommen, nach rund 5000 Jahren wollte es zu einem Ende kommen, auf dass der Mensch sich wieder schrittweise, nun aus sich selbst heraus, zu einer neuen Erkenntnis seiner eigentlichen Geistigkeit, möge erheben können! Wenn wir den Zeitpunkt aber bedenken, den Rudolf Steiner für das Ende dieses langen finsteren Zeitalters angibt, dann können wir betroffen und konsterniert die Nähe wahrnehmen, die dieses Ereignis zu dem gewaltsamen, okkulten Mord an Kaspar Hauser hat. Denn, diese «finstere» Ermordung des Kindes von Europa erfolgte im Jahre 1833. Zwei mal 33 Jahre später aber endet laut Rudolf Steiner das finstere Zeitalter, um von einem lichteren abgelöst zu werden. In diesem Kontext können wir das berühmte Zitat Rudolf Steiners zu Kaspar Hauser, das wir durch Ehrenfried Pfeiffer verbürgt bekommen haben, noch einmal neu und erweitert verstehen. Er sagt ja die ergreifenden Worte: «Wenn Kaspar Hauser nicht gelebt hätte und gestorben wäre, so wie er tat, so wäre das Band der Geistigen Welt zur Erde vollkommen gerissen». Das heißt aber doch: das neunzehnte Jahrhundert war so gottverlassen gewesen – oder müssten wir nicht eigentlich sagen: menschverlassen, denn nicht Gott hatte ja den Menschen verlassen, sondern der Mensch Gott –, das neunzehnte Jahrhundert war so geistesfern, dass die Gefahr drohte, dass es tatsächlich zu keinem Ende des Kali Yuga hätte kommen können. Denn stellen sie sich vor: das Kali Yuga sollte und müsste sich anschicken, zu einem Ende zu kommen, und vergäße aber, diesen Schritt zu tun. Die Folge davon gliche ja in etwa einem U-Boot, das nach langer Fahrt vielleicht durchaus wieder an die Oberfläche des Meeres hätte gelangen können, dessen Luken aber so verrostet und verriegelt und in sich verzahnt wären, dass die Mannschaft nicht fähig wäre, sie zu öffnen und folglich im Inneren des Schiffsleibes doch zu ersticken hätte!

Es musste also ein Rettung bringendes Opfer sich ereignen, um die Menschheit in ein lichtes Zeitalter führen zu können. Dieses Opfer musste in sich, um heilsam wirken zu können, gewissermaßen eine homöopathische Qualität bergen: Damit der Mensch nicht degeneriere zu einem lebendig Begrabenen, musste ein erlauchtes Wesen gleichsam zu einem lebendig Begrabenen werden, um somit die Menschheit aus dem Finsteren Zeitalter heraus zu impulsieren!

Wenn wir das Zeichen «Kaspar Hauser» nun immer weiter und tiefer gehend «lesen» lernen wollen, so kann uns eine weitere Brücke sehr, sehr hilfreich sein, nämlich eine Schrift zu bedenken, die ebenfalls «Zeichen» ist! Deren Wesen es ist, durch und durch Zeichen zu sein! Nicht großen Umfanges ist diese Schrift, die in Zeichen gesetzt, die in Zeichen gesandt ist, und doch ist es mit die gewichtigste Schrift, die jemals durch das menschliche Auge gelesen hat werden können: die Apokalypse, die Offenbarung des Johannes! Oder wir können auch sagen: die Offenbarung an Johannes!

Um die Tiefe der Beziehung zwischen Kaspar Hauser und der Apokalypse ausloten zu können, bedarf es aber auch einer tiefen Erkenntnis des Menschen, durch den die Offenbarung in die Welt hat kommen können. Immer wieder spricht Johannes in der Apokalypse von sich, ein «Ich-Klang» durchzieht die Offenbarung, wie kaum eine andere biblische Schrift ihn hat! Dadurch wird sich auch die große Nähe aufzeigen können des Kindes von Europa zu dem Apokalyptiker und Evangelisten, die nahe Verwandtschaft zwischen Kaspar Hauser und Johannes, bei all ihrer Verschiedenartigkeit!

Als Lazarus war dieser durch die Wirksamkeit des Christus Jesus in ein neues Leben gekommen, von da an er den Namen Johannes trägt. Um dann zu dem Jünger zu werden, den Christus Jesus «lieb hatte», um dann als einziger Jünger unter dem Kreuz von Golgatha zu stehen, und um dann, in den vierzigtägigen Gesprächen des Auferstandenen, den Auftrag für das zukünftige Christentum anvertraut zu bekommen. Später war er dann, nach langen Wegen auch im Namen des Grals, nach Ephesus gelangt, wo er, neben der Fürsorge für die ihm durch Christus Jesus anvertrauten Mutter Maria, das Predigen im Namen des Auferstandenen begann. Doch es war bereits die Zeit der Christenverfolgung und er erhielt Redeverbot. Den römischen Göttern sollte er sich beugen. Und da er dies nicht tat, wurde er nach Rom verschleppt, dorthin, wo bereits die beiden Großen, Petrus und Paulus, zwischen den Jahren 62 und 67 den Märtyrertod zu erdulden hatten. Und da Johannes sich auch dort weiterhin als standhaft erwies, musste er, soweit wir die historischen Ereignisse gänzlich erkennen können, die Folter über sich ergehen lassen. Doch auch diese konnte er überstehen! Daraufhin erfolgt dann jener ausschlaggebende, entscheidende Moment der Verbannung des Johannes auf die Gefangeneninsel Patmos.

«Patmos», so heißt auch jene großartige Dichtung Friedrich Hölderlins, der zu gleicher Zeit, während Kaspar Hauser jahrein, jahraus in seinem Kerker saß, im Tübinger Turm die Spanne seiner «Umnachtung» verlebte. In diesem Gedicht finden wir jenen wunderschönen, unendlich reichen Vers: «Wo aber Gefahr ist, wächst das Rettende auch»! Müssten wir die unendlich komplexe Apokalypse des Johannes in einem Satz zusammenfassen, so wäre es wohl dieser Vers, der in dichtst möglicher Form eine Quintessenz der Offenbarung auszudrücken vermag. Und wie tief steht dieser Vers in Verbindung zu Kaspar Hauser! Denn bedenken wir abermals die Worte Rudolf Steiners: es drohte im neunzehnten Jahrhundert die große Gefahr, dass ein Riss zwischen Geistiger Welt und Erde hätte eintreten können. Dieser drohende Verlust aber konnte durch ein Rettendes unterbunden werden.

In den Jahren auf Patmos aber, da empfängt Johannes die Offenbarung. Und erst nach dem Tode des römischen Kaisers Domitian im Jahre 96, der die Verbannung des Johannes überhaupt zu verantworten hatte, konnte der bereits betagte Jünger wohl nach Ephesus zurückkehren. Und dort erst wird er dann sein Evangelium verfassen. Um daraufhin dann, als hochbetagter Mann, in völligem Frieden und völliger Geistesgegenwart, seinen Körper zu verlassen. «Kindlein, habt Liebe zueinander», dies soll er all seinen Mitmenschen als Summe seiner Lehren gesagt haben.

Heute, wenn ich das so sagen darf, leben wir alle gewissermaßen auf Patmos! Ebenfalls in einer gewissen Art der Verbannung! Die Frage nur ist, wie können auch wir zu der uns möglichen Offenbarung gelangen?

Um all diese Ereignisse noch tiefer in ihrer Bedeutung ausloten zu können, müssen wir nun einmal den Schritt wagen, uns denkend mit den Gegenkräften zu verbinden, nur, um sie dadurch, im manichäischen Sinne, um so mehr auf einen Weg der Gesundung zu bringen.

Was mussten die Gegenkräfte erlebt haben, als sie erkannten, was dem Johannes gelungen war? Welch unendlichen Ärger, welch unendlichen Gram mussten sie empfunden haben: Paulus hatte man umgebracht, Petrus hatte man umgebracht, doch diesen Jünger namens

Johannes hat man nicht nur nicht zerstören können, sondern man hat ihn offenkundig noch gestärkt. Hier muss einem Goethes Mephistopheles-Zitat in den Sinn kommen. Ja, man wollte das Böse und beförderte doch ein Gutes! Denn das müssen wir uns einmal fragen: Wie stünde es denn um das zukünftige Christentum, so Johannes nicht hätte durch diese beiden Weltenwerke, der Apokalypse und dem Evangelium, zum Wirken kommen können? Und bedenken wir, dass der Adler das Zeichen, das Attribut des Johannes ist, dann müssen wir uns doch fragen: Wäre das Christentum denn für die zukünftigen Zeiten nicht flugunfähig gewesen, so es nicht die erfüllte Wirksamkeit des Jüngers gegeben hätte, dem Christus Jesus just dieses Zukünftige anvertraut hatte?

Und so gelangen wir nun zu einem ganz wichtigen Schritt in der Erkenntnis der Wirksamkeit des Bösen. Das Böse, die Gegenkräfte des Christus, es weiß ja um die großen Eingeweihten, die befähigt sind, den Christusimpuls auf Erden weiterzutragen. Sie sind ja keine Agnostiker, die dieser Eingeweihten Existenz für Humbug halten würden. Wie aber haben sie nun zu handeln, was haben sie zu tun, um der Eingeweihten Wirkungsfähigkeit zu zerstören? Natürlich, ein möglicher Weg ist immer der der Tötung, so wie es Paulus und Petrus zu erfahren hatten. Ein anderer möglicher Weg ist der der Einkerkerung, der Folter und der Verbannung. Und doch: wie entsetzlich muss es für die Gegenkräfte gewesen sein, zu erkennen, dass sie durch dieses Vorgehen den Apostel nicht nur nicht wirkungsunfähig haben machen können, sondern dass sie ihn dadurch in seiner Wirkungsfähigkeit noch potenzierten!

Wie also muss das Böse über die Zeiten fortschreiten in seinem Wirken, um diesem Eingeweihten tatsächlich Herr zu werden, denn ja, auch das Böse muss fortschreiten und sich wandeln. Und es wäre für den Menschen fatal, dieses nicht zu erkennen. Ja, das Böse kommt nur solange durch eine und die gleiche Türe, bis es in seinem Wesen erkannt wurde. Dann spätestens muss es mutieren. Dieses permanent notwendige Mutieren wird aber bereits vorbereitet, während es noch alte Gangarten bedient! Und so herrscht die große Gefahr, dass der Mensch in seiner Erkenntnis des Bösen immer einen Schritt dem Bösen hinterherhinkt!

Dies führt uns nun zu dem sehr, sehr wichtigen Erkenntnisschritt bezüglich des so seltsam anmutenden, okkulten Verbrechens gegen Kaspar Hauser, das selbst für eine juristische Größe wie Anselm Ritter von Feuerbach, der sich Kaspar Hausers angenommen hatte, nicht gänzlich zu erkennen war! Er ahnt jedoch Außerordentliches und nennt den Fall Kaspar Hauser daher «den allermerkwürdigsten aller merkwürdigen Kriminalprozesse, dergleichen in Jahrtausenden vielleicht noch nicht ein einziges Mal vorgekommen.»

Ab Herbst 1816 (oder Frühjahr 1817) wurde der 1812 in Karlsruhe geborene Erbprinz in einem abgelegenen Wasserschloss in der Oberpfalz gefangen gehalten auf eine Art, dass er sich nicht erheben und auch keinem anderen Wesen begegnen konnte. Der Kerkermeister gab Wasser und Brot immer dann in den niedrigen Raum, als das gefangene Kind tief schlief. Als es dann des Morgens erwachte, wusste es nicht, woher das Wasser, woher das Brot gekommen war. Und doch wurde dieses Kind nach langen Jahren dann ausgesetzt. Und als dieses ausgesetzte Kind dann aus seiner Erinnerung über sein Kerkerleben zu schreiben begann, dann versuchte man, es zu erschlagen. Doch ohne Erfolg! Einige Jahre später erst, nach einer Reihe weiterer, unterschiedlichster Angriffe, gelingt es dann den Kräften des Bösen, das einundzwanzigjährige Kind durch einen gezielten Dolchstoß in das Herz zu töten. Macht dies alles Sinn? Worin liegt das Motiv all dieser verschieden gearteten Verbrechen?

Über den angestrebten Sinn, oder sagen wir besser, den angestrebten Zweck der Einkerkerung spricht Rudolf Steiner in einem Gespräch, das er 1916, mitten im ersten Weltkrieg, mit dem Grafen Polzer-Hoditz führte. Er spricht dabei von den Gegenkräften, «die nicht wollten, dass enthüllt werde, was sie als ein Experiment, als einen großangelegten Versuch inszenierten, um jene Individualität (Kaspar Hauser), durch eben ihr Experiment, von ihren Aufgaben zu trennen. Sie in einem Zwischenreich zu halten. Die Ichheit dieses Wesens soll nicht durchdringen können ihren Leib, soll draußen bleiben in einem Zwischenreiche, nicht reine Geistgestalt und nicht reiner Erdenmensch. Von ihren Aufgaben abgelenkt und wie in geistiger Verbannung bleiben. Das heißt, einen Leib zu formen, aber nicht tätig, als Ichheit, ihn ergreifen können.» So die Worte Rudolf Steiners.

Blicken wir auf die wichtigsten Begriffe, die uns ungemein helfen können, das Vorgehen des Bösen gegen Kaspar Hauser ins Bewusstsein zu heben.

Von größter Bedeutung ist der Begriff des «Experimentes»: ein Experiment ist immer ein zeitlich wie auch räumlich definiertes Vorgehen, durch das derjenige, der den Prozess zu verantworten hat, zu einer gewissen Aussage, einer gewissen Ergebnisführung gelangen kann. Ja, diese am Ende stehende Evaluation, sprich Auswertung ist immanent dem Experiment zu Eigen. Nur eine am Ende des Experimentes stehende «Erhebung» der durch das Experiment gewonnenen Ergebnisse macht aus dem Vorgehen ein Experiment.

In diesem wichtigen Begriff also liegt ein Weg, die so sonderbare Aussetzung des Kindes zu Pfingsten 1828 verstehen zu lernen. Man musste also die Zeit der so gearteten Einkerkerung beenden, um ersehen zu können, wie weit das Experiment gelingen hat können, und setzt es dann aus, genau zu einem Zeitpunkt, der in Verbindung steht zu dem Fest der «Freien Individualität», wie Rudolf Steiner das Pfingstfest nennt. Und dies an einem Platz in Nürnberg, der den Namen Unschlittplatz trägt. An diesem Ort mussten die Metzger ihre Schlachtabfälle entsorgen. Aus den nicht mehr zu verwerteten Abfällen der Eingeweide wurde dann Unschlitt gewonnen, also eine Art Talg, um daraus Kerzen oder Wagenschmiere herstellen zu können.

Dieser *spiritus temporis* und *spiritus loci* der Aussetzung Kaspar Hausers in die Welt hinein ist von höchster Komplexität, von höchster Zeichenhaftigkeit und wirft natürlich die sehr wichtige Frage auf: Mit wem hatten die Gegenkräfte eigentlich gerechnet, mit welcher Inkarnation welcher Wesenheit konnten oder mussten sie rechnen, um solch ein langes, schwieriges und arbeitsaufwändiges Unterfangen in Form eines Experimentes durchzuführen? Fest steht, dass Pfingsten mit dem zukünftigen Christentum in allertiefster Verbindung steht, wie kaum ein anderes christliches Jahresfest. Hatte man eventuell mit einer Individualität gerechnet, die mit der Pfingstqualität an sich in Verbindung steht, und setzte sie daher just zu diesem Zeitpunkt aus, gewissermaßen als Angriff auf Pfingsten?

Doch dann geschieht eben das große Mysterium: dieses ausgesetzte Kind ist nicht an Geist, Leib und Seele zerstört, wie es an sich zerstört hätte sein müssen nach all den Jahren des okkulten Verbrechens. Und es ist nicht nur nicht zerstört, sondern es kommt wie potenziert aus dem Verlies hervor, sodass die Menschen, die ihm tatsächlich begegnen, von einem engelsgleichen Wesen sprechen. Denn bedenken wir, Anselm Ritter von Feuerbach beispielsweise nennt Kaspar Hauser das «gleichsam einzige Geschöpf seiner Gattung» und einen «Abglanz des Ewigen in der Seele eines Engels». Und als dann dieses engelsgleiche Wesen sich an sein Verlies zu erinnern beginnt und auch noch das Schreiben erlernt und es sich herumspricht in Nürnberg, dass das Kind seine Erinnerungen zu Papier bringen wolle, da versucht man dieses Kind doch zu töten! Dieses Attentat im Oktober 1829 ist also gewissermaßen ein Beweis dafür, dass man mit diesen Fähigkeiten des Kindes nicht gerechnet hatte, nicht hatte rechnen können, sonst hätte man sich ja nicht auf die durch die Aussetzung entstehen könnende Gefahr eingelassen!

Warum aber konnte das Kind all dies? Das ist eine große Frage. Sicherlich konnte es all dies auch daher, da das angestrebte Verbrechen gescheitert war. Es war misslungen! Und das ist es, was auch Rudolf Steiner ganz deutlich sagt. Nachdem er von dem Experiment und dem großangelegten Versuch spricht und von der Ichheit, die in einem Zwischenreich außen vor in geistiger Verbannung bleiben sollte, sagt er: «Dieses Experiment aber glückte nicht». Das ist eines der entscheidendsten und Trost bringendsten Sätze Rudolf Steiners bezüglich der ganzen Kaspar Hauser-Thematik. «Dieses Experiment aber glückte nicht, und darum musste Kaspar Hauser sterben. Sie (die Gegenkräfte) mussten erleben, wie durch ihr Experiment gerade erreicht wurde, was sie zu verhindern strebten!»

Also auch hier hören wir es ganz deutlich: Die Zerstörung der Wesenheit konnte nicht nur nicht erfolgen, sondern es erfolgte geradezu eine Stärkung der Wesenheit! Wie ist das zu verstehen? Denn das müssen wir auch bedenken: Die außerordentlichen Fähigkeiten, die Kaspar Hauser an den Tag legte, sie sind wohl kaum durch seine physische Abstammung zu erklären: Spricht Rudolf Steiner nicht von einer geradezu eingeborenen Wahrhaftigkeit? Das aber heißt demnach, dass in Kaspar Hauser eine Wahrhaftigkeit vorliegt, die nicht entstammt aus einer «*Zwei*geborenheit», also einer Qualität, die durch Vater und Mutter auf ihn zu vererben gewesen wäre, sondern eben *ein*geboren war, das heißt, direkt aus dem Einen, dem Geistig-Göttlichen gekommen war! Und andererseits sind seine außerordentlichen Fähigkeiten und Wesenszüge gewiss auch nicht durch die Kerkerhaft an sich zu erklären, denn sonst müssten wir ja nur all unsere Kinder für eine gute Zeit einsperren und sie kämen als engelsgleiche Menschen hervor!

Blicken wir auf einen weiteren, entscheidenden Begriff, den Rudolf Steiner in dem Gespräch aus dem Jahre 1916 verwendet. Es ist der Begriff des «Zwischenreiches». Das Kind sollte in ein Zwischenreich gelangen, nicht reine Geistgestalt, nicht reiner Erdenmensch! Der Mensch aber ist beides, solange er in einem physischen Leib verkörpert ist, er ist ein «Sowohl-als auch». Und aus diesem «Sowohl-als auch» sollte mit großem Aufwand ein «Weder-noch» gemacht werden. Ein «Weder-noch» hat aber keine Entwicklungsmöglichkeiten, weder hier auf der Erde, noch in der geistigen Welt. Er befindet sich gewissermaßen in einem Niemandsland. Dies aber entspräche genau dem, was wir heute schon mehrmals beim Namen genannt haben: einem lebendig Begrabenen! Das Kind sollte also weder sterben, denn dann hätte man ja den Zugriff auf diese Wesenheit verloren, (und sie hätte dann durchaus

aus der geistigen Welt heraus wirken oder aber auch sich rasch anderenorts wieder inkarnieren können), noch sollte es leben und sich rechtens entwickeln, denn dann hätte es ja ebenfalls zu einer Gefahr für die Intentionen der Gegenkräfte werden können! Und genau dies ist eine weitere Stufe im Willen des Bösen. Weder töten, noch foltern und verbannen, sondern auf lange Zeiten in eine, bestenfalls dauerhafte, Wirkungsunfähigkeit pferchen! Ja, einer Wirkungsunfähigkeit, die eventuell sogar über die gegebene Inkarnation hinausreichen sollte! Und dies führt direkt zu dem nächsten, äußerst wichtigen Begriff, den Rudolf Steiner in dem Gespräch wählt, es ist der Begriff der «geistigen Verbannung». Ein solcher verkörperter, aber sein Ich eben nicht mehr ergreifen könnender Mensch, er wäre wie in «geistiger Verbannung».

Nun müssen wir aufhorchen, denn von Verbannung sprachen wir heute ja bereits mehrmals! Allerdings von einer physischen Verbannung. Der des Johannes auf die Gefangeneninsel Patmos. Wir haben bereits klar vernommen, dass diese Verbannung ein Desaster, ein Debakel für die Gegenkräfte war, denn sie machte den Johannes um so stärker und umso tiefgreifender konnte er seine Mission erfüllen, die er durch Christus Jesus anvertraut bekommen hatte! Bei diesem Kind aber, dem in Karlsruhe 1812 geborenen Erbprinzen, da sollte nun noch offenbar ein entscheidender Schritt weitergegangen werden. Die Individualität musste durchaus auch verbannt werden, nicht auf eine weit entfernt gelegene Gefangeneninsel, aber eben doch in das tief verborgene Innere eines entlegenen Wasserschlösschens, um darin dann aber in eine Tortur gestellt zu werden, die es der Ichheit nicht ermöglichen sollte, sich rechtens zu inkarnieren. Dieser Angriff ist nichts Geringeres als ein vorsätzlicher Angriff auf die hohen Gaben, die der Mensch durch die höheren Hierarchien vermacht bekommen hat: Die Aufrichtung, das Sprechen und das Denken! Man wollte gewissermaßen durch die damaligen Fehler bezüglich Johannes lernen und einen Schritt weitergehen in dem Willen zum Bösen. Und doch, auch dieses Mal scheitern die Gegenkräfte! Trotz aller Anstrengung! Was für ein Mysterium! Und warum scheitern sie? Weil jenes Weltengesetz in Kraft getreten war, welches Friedrich Hölderlin so wunderbar in Worte fasste: «Wo aber Gefahr ist, wächst das Rettende auch»! Und als sie erkennen mussten, dass das okkulte Verbrechen gescheitert war, versuchte man das Kind im Hause seines Lehrers, Georg Friedrich Daumer, nun doch zu töten. Aber auch dies misslang!

So müssen wir nun nochmals zu der entscheidenden Frage kommen, für die ich allerdings interessanterweise fast dreißig Jahre des Forschens gebraucht hatte, bis ich sie zu stellen vermochte, obwohl diese Frage für ein tieferes Verständnis der Kaspar Hauser-Wesenheit von so großer Bedeutung ist: Mit wem haben die Gegenkräfte eigentlich gerechnet? Welche große Individualität hatten sie erwartet, die solch einen ungemeinen Aufwand rechtfertigen würde? Es ist die Zeit gekommen, um nun erstmals diese Frage laut zu stellen: Hatten die Gegenkräfte mit der Möglichkeit einer weiteren Inkarnation des Johannes gerechnet? Den man dieses Mal daher aber nicht nur in eine physische, sondern darüber hinaus auch in eine geistige Verbannung pferchte, um ihn somit wirkungsunfähig zu machen? In einem Maße aber wirkungsunfähig, dass er nicht nur für diese gegebene Inkarnation verloren wäre, sondern bestenfalls sogar, bedingt durch eine völlige Zerstörung seiner Wesensglieder-Konfiguration, für lange zukünftige Zeiten das wahre Pfingstfest nicht mehr zu impulsieren fähig sein sollte? Und setzt ihn daher dann zu Pfingsten aus, als Hohn, als Angriff auf das «Fest der freien Individualität». An jenem Ort, an dem die Restbestände der Eingeweide zu entsorgen waren. Sollte hier nun der nicht mehr zu verwertende Restbestand eines Eingeweihten entsorgt werden? Wir werden uns morgen im zweiten Vortrag intensiv mit dieser Frage beschäftigen. Sie ist so weitführend, dass es sich lohnt, mit ihr «durch die Nacht» zu gehen!

Widmen wir uns nun in diesem ersten Vortrag noch zwei wichtigen Begriffen, die Johannes in der Offenbarung wählt und die uns direkt zu Kaspar Hauser führen. Als was bezeichnet sich Johannes denn zu Beginn seiner Schrift selbst? Er nennt sich einen Christus-Diener! Und wer, wenn eben nicht dieser Jünger, dem das zukünftige Christentum durch den Christus Jesus selbst anvertraut worden war, kann sich zutiefst als Diener des Christus bezeichnen?

Was aber nun ist denn an sich das eigentliche Wesen des Kaspar Hauser? Der früh bereits, ab etwa 1830/31, als «das Kind Europas» bezeichnet wurde, ein wunderbares Wort, das niemals wieder von ihm weichen sollte!

Er ist, und dafür bürgen viele, viele Augenzeugen, voller Wahrhaftigkeit, wie wir es bereits heute mehrfach gehört haben, er ist voller Güte und Milde, voller Friedfertigkeit, Sanftmut und Feindesliebe, voller Gabe des Verzeihens und Vergebens, voller Schicksalsannahme und Liebeskraft. Und gleicht somit, durch und durch, jenem Kind, von dem wir im Matthäus-Evangelium hören. Angesichts dieses Kindes ruft Christus Jesus die Jünger zur Umkehr auf, ruft er uns Menschen zur Umkehr auf. Aber wie steht es um diese unsere Gabe?

Und da der Mensch über die Jahrhunderte, über die Jahrtausende nicht zur Genüge umkehrte und wurde wie jenes Kind, das Christus Jesus in die Mitte der Jünger stellte, nahm sich Kaspar Hauser dieser Notwendigkeit an und wurde diesem Kinde so ähnlich als möglich, um dadurch den Weg des Menschen ins Himmelreich aufrecht erhalten zu können! Das heißt, weiterhin zu vermögen, zum «Geistesmenschen» aufzusteigen!

Durch die Aufzeichnungen seines Lehrers in Nürnberg, Georg Friedrich Daumer, können wir sogar teilhaben an der wunderbaren Aufforderung, die Kaspar Hauser an uns Alle stellt. Daumer schreibt:

«Kurz nachdem Kaspar Hauser in der Welt erschienen war, fragte er einmal, warum, wenn Christus vom Tode erstanden, die Menschen nicht auch wieder aufstehen könnten. Als man ihm antwortete, das käme daher, weil Christus nicht bloßer Mensch, sondern zugleich Gott gewesen, so sagte er, die Menschen sollten aber auch so viel lernen, dass sie Gott würden.»

Kaspar Hauser ist ebenfalls durch und durch Christus-Diener, sicherlich auf ganz andere Art als es Johannes ist, und doch Christus-Diener, wie es schöner, wie es inniger kaum zu denken ist! Dies zeigt sich auch daran, dass die Kulmination, der lichte Höhepunkt seines kurzen Lebens, seine Konfirmation im Mai 1833 ist. Ab Oktober 1832 erteilt Pfarrer Heinrich Fuhrmann dem Kind Religionsunterricht, Einzelreligionsunterricht. Bis zu acht Stunden die Woche über etwa sechs Monate «weiht» der Geistliche das Kind ein in die Passion Christi. Diese Begegnung lässt mich immer an jenes andere, innige Gespräch denken, in dem der Eremit Trevrizent an einem Karfreitag den Parzival in das Mysterium des Grals einführt, durch das dieser befähigt wird, die Gralsburg, nun bewusst, aufzufinden!

Pfarrer Fuhrmann bezeugt die ungemeine Innigkeit, mit der Kaspar Hauser diese Passion aufnimmt. Er beschreibt, wie sein Schüler in ein nicht zu stillendes Weinen ausbricht, als er von dem Leiden des Jesus Christus hört. Und es ist Rudolf Steiner, der dieses Ereignis auf seine Weise bezeugt, in dem er sagt, «nächst Christian Rosenkreutz habe Kaspar Hauser am stärksten die Leiden des Christus nachempfunden». Und so findet er zu seiner Konfirmation.

Nachdem er von Wasser und Brot einst gekommen war, kommt er nun zu Brot und Wein! Es muss ein erhabener Moment selbst auch für all die vielen Anwesenden gewesen sein, die in der Schwanenritterkappelle zu Ansbach am 20. Mai 1833 Zeugen wurden dieses heiligen Aktes! Was hierbei aber tatsächlich im Innersten dieses 21jährigen «Kindes» geschehen sein mag, ist ein tiefes Mysterium, dem wir uns nur meditativ annähern können. Ein wichtiger Schlüssel, das Ereignis ins Bewusstsein heben zu können, sind dabei die Erkenntnisse Rudolf Steiners über das «Prinzip der spirituellen Ökonomie im Zusammenhang mit Wiederverkörperungsfragen».

Und Pfarrer Heinrich Fuhrmann wird es auch sein, der dann, als sein Konfirmand durch den Tod Feuerbachs und durch das Wegbleiben Stanhopes zusehend vereinsamte, diesem weiteren Religionsunterricht zukommen ließ und ihm die Gleichnisse Christi nahe brachte. Und so wissen wir durch Fuhrmann, dem wichtigsten Zeugen der letzten Lebensmonate Kaspar Hausers, dass er am 14. Dezember 1833, dem Tag des Attentates auf das Kind Europas, diesem noch das Gleichnis vom Königlichen Hochzeitsmahl lehrte, Matthäus 22. Was für eine Signatur!

Ja, Kaspar Hauser scheint überhaupt eine ungemeine Nähe zu Zeitgeist-Qualitäten zu haben: Die Aussetzung zu Pfingsten, die Geburt zu Michaeli, das heißt aber auch seine Empfängnis in der Zeit der Heiligen Nächte, der Tod in der Adventszeit, die Grablegung nach dreitägigem Sterben, kurz vor dem Weihnachtsfest!

Verbinden wir uns noch tiefer mit dieser Zeitgeistqualität Kaspar Hausers und seiner Christus-Dienerschaft, so finden wir noch ein weiteres, sehr signifikantes Ereignis! Durch Professor Daumer, den Rudolf Steiner als den letzten Rosenkreutzer (!) damaliger Zeit benannte, haben wir auch die Möglichkeit, an einem Traum Kaspar Hausers teilzuhaben. Dieser Traum ereignete sich in der Nacht vom 2. auf den 3. April (!) 1829. Daumer bittet seinen Schüler am folgenden Morgen, den Traum zu Papier zu bringen.

Kaspar schreibt:

«Am 2. April nachts hatte ich einen Traum. Als hätte ich wirklich einen Mann gesehen, er hat ein weißes Tuch um den Leib hängend, seine Hände und Füße waren bloß und wunderschön hatte er ausgesehen. Dann reichte er mir die Hand mit etwas, das einem Kranz gleicht, dann sagte er, ich sollte ihn nehmen, dann wollte ich ihn nehmen, dann gab er mir zur Antwort, in vierzehn Tagen musst Du sterben. Weil ich nicht lange auf der Welt bin und nahm den Kranz nicht, als er mir zuerst Antwort gibt, es ist desto besser. Dann stand er eine Zeit lang vor mir, als ich den Kranz nicht nahm ging er rückwärts gegen den Tisch. Sobald er ihn auf den Tisch gelegt hatte, stand ich auf und als ich näher kam hatte er einen herrlichen Glanz bekommen. Dann nahm ich ihn und ging auf mein Bett zu, als ich näher dem Bette zukam, bekam er immer einen stärkeren Glanz, dann sagte ich, ich will sterben, dann war er fort. Ich wollte in das Bett hineinsteigen, dann wurde ich wach.»

Daumer schreibt hierzu, dass der Kranz in diesem Traum offenbar eine Symbolik für den Tod ist. Und Kaspar Hauser ringt mit der Annahme dieses Todes. Wenn wir nun aber etwas recherchieren und uns fragen, was geschah denn 14 Tage nach diesem Traum, dann wissen wir einerseits natürlich, dass Kaspar Hauser an dem 16. April 1829 nicht starb! Andererseits aber, was war denn dieser 16. April im Jahre 1829 für ein Tag? Im Jahre 1829 fiel der Ostersonntag auf den 19. April. Am 17. April war Karfreitag, in der Nacht aber des 16. Aprils 1829, dem Gründonnerstag, da gedachte man des Abendmahls, der erstmaligen Transsubstantiation von Brot und Wein, gedachte man des Verrates im Garten Gethsemane und gedachte man auch des Momentes, in dem Christus Jesus Blut schwitzte im Ringen um die Annahme des Kelches.

Was bei Christus Jesus der Kelch ist, das ist in Kaspar Hausers Traum der Kranz. Und wir dürfen uns natürlich auch fragen, wer denn dieser, mit einem weißen Tuch bekleidete, wunderschön anzusehende Mann in seinem Traum war?

Da Kaspar Hauser ja zu Pfingsten 1828 in die Welt getreten war, wissen wir also, dass die Passionszeit im Jahre 1829 die erste Passionszeit war, an der der Erbprinz, nun als Kaspar Hauser, teilnehmen hat können! Und ganz eingehüllt von diesem *spiritus temporis* stirbt Kaspar Hauser ein Stück weit mit dem Christus mit. Heißt es nicht in dem Rosenkreuzerspruch: «*In Christo morimur*»?

Und tatsächlich, nachdem Kaspar Hauser dann Brot und Wein bei seiner Konfirmation am 20. Mai 1833 aufnimmt, stirbt er kurz darauf. Es sind keine zwei Wochen wie im Traum, denn erst noch musste Anselm Ritter von Feuerbach beseitigt werden! Dies geschieht tatsächlich exakt eine Woche nach Kaspars Konfirmation, er wird am 27. Mai 1833 vergiftet, worüber er sich selbst völlig sicher war, und stirbt am 29. Mai an den unmittelbaren Folgen. Es war die für die Gegenkräfte notwendig gewordene Vorbereitung für die Ermordung Kaspar Hausers im Dezember 1833. Man sieht also, der Tod Kaspar Hausers wurde gewissermaßen unmittelbar mit seiner Konfirmation, mit der Aufnahme von Brot und Wein, eingeleitet! Und für seine dann erfolgende Ermordung, da wurde auch er in einen Garten gelockt!

Blicken wir nun zum Ende des ersten Vortrages noch auf einen anderen, weiteren Begriff, den der Christus-Diener Johannes gleich zu Beginn der Apokalypse wählt. Er sagt, in der wunderbaren Übersetzung von Emil Bock, er sei unser «Bruder und Schicksalsgefährte sowohl in allen Prüfungen als auch im inneren Königtum und in der ausharrenden Kraft».

Was für ein Segen! Was für ein Segen, zu wissen, dass wir ihn, Johannes, als unseren Bruder sehen dürfen, dass wir uns dieses Bruders sicher sein können. Dieser Bruder ist Schicksalsgefährte in allen Prüfungen. Wohl dem, der in all seinen Prüfungen weiß um einen Gefährten, um einen Schicksalsgefährten. Dies verleiht Trost, dies verleiht ungemeine Kraft! Wir sind tatsächlich nicht allein, wie ungemein die Prüfungen auch sein mögen. Ja, darum betont er: in *allen* Prüfungen ist er uns Schicksalsgefährte!

Dies aber dürfen wir auch mit Gewissheit sagen: So wie Johannes uns Schicksalsgefährte ist, so ist es auch Kaspar Hauser. Wer, wenn nicht er, kann uns über alle Prüfungen hinweg trösten, hinweg tragen! Er, der unermessliches Leid hat durchstehen müssen, und dabei in völligem Frieden hat verweilen können, in solch einem Frieden, dass er auf dem Sterbebett hat sagen können:

«Es hat mir niemand etwas getan». Um daraufhin dann den erschütternden Satz zu sprechen: «Gott hat mir immer nur die besten Menschen gegeben.»

Wer das sagen kann, der kann uns Schicksalsgefährte sein in allen Prüfungen. Der kann uns ungemeine Kraft verleihen, ausharrende Kraft, die dazu führt, dass wir durch all die Niedertracht in der Welt nicht nur nicht geschwächt werden müssen, sondern die dazu führt, dass wir sogar noch gestärkt daraus hervorgehen können. Er hat es uns vorgemacht! Und so können wir alle weiterhin zu unserem «inneren Königtum» aufsteigen.

Dass wir zu unserem «inneren Königtum» aufsteigen können, das verdanken wir Christus Jesus! So steht es in der Apokalypse. Dass wir es aber weiterhin vermögen, trotz aller grausamen Not der Geistferne, die im 19. Jahrhundert durch unsere Versäumnisse gegeben war, das verdanken wir Kaspar Hauser. Er inkarnierte sich als Erbprinz, sprich als «Werdender König» in der Welt. Aber er verzichtete auf sein weltliches Königtum, auf das wir nicht auf unser «inneres Königtum» zu verzichten hatten.

Dies ist die Kraft, die uns soeben hier zusammenführt!

Ich danke Ihnen sehr herzlich für Ihre Aufmerksamkeit.

VORTRAG II

Liebe Verbündete in Kaspar Hauser!

Herzlich willkommen zu dem nun zweiten Vortrag! Als Kaspar Hauser zu Pfingsten 1828 in die Welt ausgesetzt wurde, da hatte man ihm eine Fülle von Dingen mitgegeben und ihm in die Taschen gesteckt. So zum Beispiel hatte er eine große Anzahl christlicher Gebetsbücher mitbekommen gehabt, aber auch einen Rosenkranz sowie auch eine gewisse Menge an in Papier gehüllten Goldsand – und auch einen Schlüssel hatte er bei sich! Was wollte mit dieser kuriosen Zusammenstellung bezweckt werden? Was sollte er beispielsweise mit diesem Schlüssel aufschließen, was sollte er mit diesem Schlüssel abschließen? Wofür ist er Zeichen? Denn, wenn wir die Apokalypse des Johannes betrachten, dann wissen wir, dass der Begriff des Schlüssels darin eine bedeutsame Rolle spielt. Ja, man hatte sich sogar einmal die Mühe gemacht, nachzuzählen, und dabei erkannt, dass in dem ganzen Alten und Neuen Testament zusammengerechnet der Begriff des Schüssels weniger oft in Erscheinung tritt als in der so knappen und kurzen Apokalypse. Dies aber lässt tief blicken! Der Begriff des Schlüssels muss also von maßgeblicher Bedeutung für die Offenbarung sein. Ja, von so maßgeblicher Bedeutung, dass die Offenbarung selbst als Schlüssel erkannt sein will!

Und die Aussetzung geschieht am Unschlittplatz in Nürnberg. Der Unschlittplatz aber, das hörten wir bereits gestern, steht in Verbindung zu dem Opfer, das das Tier uns Menschen bringt. Und Nürnberg? Nürnberg kann mit recht gewiss als einer der «apokalyptischsten» Städte der menschlichen Zivilisation überhaupt bezeichnet werden! Kaum eine Stadt war beispielsweise gegen Ende des zweiten Weltkrieges so infernalisch zerstört worden! Und dies eben auch daher, da Adolf Hitler sich diese Stadt als eines seiner maßgeblichsten Wirkungszentren erwählt hatte für das angestrebte «Tausendjährige Reich», einem Begriff aus der Apokalypse: Die Aufmarsch-Plätze der monströsen Reichsparteitage, die «Große Straße», die Altäre, Feuerschalen, Fahnenmeere und Lichtdome, die des Nachts im tausendfachen Fackelschein sich drehenden Hackenkreuze, geformt von abertausenden im Gleichschritt schreitender Menschen. Und auch die Nürnberger Rassengesetze des Jahre 1935, die sich anmaßten vorzugeben, was lebenswertes Leben, was lebensunwertes Leben sei – und die Nürnberger Prozesse von 1945/46, die einer Inszenierung des Weltgerichtes gleichkamen, ebenfalls einem Begriff, den wir aus der Apokalypse kennen.

All dies schreibt sich tief in den *spiritus loci* der Stadt ein. Als Adolf Hitler im August 1933 erstmalig als Reichskanzler nach Nürnberg, der sogenannten Dürer-Stadt, gekommen war, da erhielt er von der dortigen politischen Stadtführung als Willkommensgeschenk einen Original-Abdruck von Albrecht Dürers Kupferstich: «Ritter, Tod und Teufel»! Was für eine Signatur! «Ritter, Tod und Teufel.» Er, Adolf Hitler, stellte sich ja gerne als Ritter dar, als Gralsritter, wie politische Propaganda-Collagen beispielsweise aus dem Jahre 1936 zeigen. Collagen aber, die bald wieder zurückgezogen wurden, da es als nicht opportun erschien, so Hitlers Sekundanten, das Volk zu sehr an des «Führers» tieferen Absichten teilhaben zu lassen. «Nürnberg huldigte mit dieser Ehrengabe Adolf Hitler, dem Ritter ohne Furcht und Tadel», so steht es in der damaligen Presse. Und dieser erstmalige Besuch Nürnbergs als Reichskanzler, er geschieht exakt einhundert Jahre nach Kaspar Hausers letztem Besuch Nürnbergs im August 1833!

Auch Albrecht Dürer, das wissen wir, hatte sich zutiefst mit der Apokalypse verbunden anhand seiner atemberaubenden, ungeheuerlichen Holzschnittserie, die an künstlerischer Dichte und Wucht nicht zu überbieten ist. Kurz vor dem so entscheidenden Jahre 1500 greift er die Stimmung im Volke auf und schafft dieses einzigartige Werk, das auf den Marktplätzen Nürnbergs dann reißenden Absatz finden sollte und zu seinem großen, europaweiten Ruhm stark beitrug. Ja, es war die Stimmung der Zeit, die ihn zu diesem Werk veranlasste. Denn auch dies wissen wir, immer wieder waren Zeiten gegeben, in denen die Menschen meinten, jetzt, jetzt würde die Apokalypse sich ereignen. Dies kam vor allem daher, da es einen Begriff am Anfange der Apokalypse des Johannes gibt, der sehr missverstanden worden war, vielleicht eines der am meisten missverstandenen Begriffe der ganzen biblischen Schriften überhaupt. Denn in der Offenbarung steht ja das Wort «was in Kürze geschehen soll». Dies ist aber eben nicht im zeitlichen Sinne gemeint, im Sinne von, dass all dies dort Niedergeschriebene in unmittelbarer zeitlicher Nähe sich nun ereignen werde, sondern «in Kürze» meint eben, es werde «kurz umrissen», im Sinne von «kurz skizziert», was sich über viele und lange Jahrtausende zu ereignen habe! Auch wir leben heute in Zeiten, in denen es plötzlich wieder modern erscheint, von der Apokalypse zu sprechen, und doch ist die Gefahr enorm, dass sie wiederum und weiterhin vollends missverstanden wird. Denn dies ist gewiss einer der wichtigsten Schritte bezüglich dieser Schrift: Die Angst vor der Apokalypse zu verwandeln in Ehrfurcht vor der Offenbarung!

Im Jahre 1528 stirbt dann Albrecht Dürer. Unmittelbar aber neben seinem Haus und seiner Wirkungsstätte, einen Katzensprung nur davon entfernt, liegt der Unschlittplatz, an dem 3 x 3 x 33,3 Jahre danach zu Pfingsten jenes engelhafte Kind erscheint, dessen wegen wir hier und heute versammelt sind! Und dieses Kind trägt einen Brief bei sich, adressiert an einen Rittmeister. Der Findling kommt also mit einem Sendschreiben in die Welt, denn er selbst ist ja nicht der Schreiber, sondern nur der Überbringer, der Bote des Schreibens. Nürnbergs Bürgermeister Jakob Binder aber, er wird dem Kind nicht Dürers «Ritter, Tod und Teufel» überreichen, sondern er wird das Kind nennen «ein Pfand der Liebe» für seine Gemeinde! – «ein Pfand der Liebe»!

Es ist diese Gemeinde, diese Stadt, die Rudolf Steiner 1908 auswählt als Vortragsort für seinen großen, 14 Tage währenden Apokalypse-Zyklus.

Und es geschieht im ersten, öffentlichen Vortrag am 17. Juni, dass er auf Kaspar Hauser zu sprechen kommt. Der öffentliche Vortrag trägt den Titel: «Geisteswissenschaft, Evangelium und Menschheitszukunft».

Zu Beginn des Vortrages gedenkt Rudolf Steiner gleich des großen Philosophen Georg Wilhelm Friedrich Hegel, der damals vor 100 Jahren Direktor des Königlichen Gymnasiums in Nürnberg geworden war und erwähnt dessen gewichtiges Zitat:

«Der tiefste Gedanke ist mit der Gestalt Christi (…) vereinigt (…).»

Nicht ganz unwichtig dabei ist, dass Kaspar Hausers Lehrer zu Nürnberg, Georg Friedrich Daumer, Schüler Hegels war. Kaspar Hauser ist somit Schüler des Schülers Hegels. Darüber hinaus ist Hegel sogar auch noch Vormund des Vormundes Kaspar Hausers. Hegel war verehelicht mit der Schwester Gottlieb von Tuchers und wurde so zu dessen Vormund bestimmt. Tucher aber wiederum wurde zum offiziellen Vormund Kaspar Hausers bestimmt. Und man weiß, dass der feinsinnige Gottlieb von Tucher die eine oder andere strengere Erziehungsmaßname, die er bezüglich Kaspar Hauser zum Einsatz brachte, an sich selbst durch Hegel zu erfahren gehabt hatte.

Es war wiederum just Hegel, der Kaspar Hausers Adoptiv-Großvater, Napoleon Bonaparte, «die Weltseele, den Weltgeist zu Pferde» nannte. Und Kaspar Hauser? Er kam in die Welt mit dem Satz, er wolle solch ein Reiter werden, wie sein Vater einer gewesen sei! Sie sehen, die historischen Signaturen um Kaspar Hauser sind enorm!

Nach den einleitenden Worten spricht Rudolf Steiner dann von der Menschheitsentwicklung, wie sie sich aus einer vorreligiösen Zeit, als der Mensch sich noch als Geist unter Geistern erleben hat können, herauslöste, um sich, über den «Zwischenzustand» des Mythologischen, in die religiösen Zeiten hinein zu bewegen, als es für ihn notwendig wurde, sich mit der Geistigen Welt «rückzuverbinden»! Und innerhalb dieser Entwicklung gab es eben unterschiedliche, im Menschen wirkende Bewusstseinsformen. Was beispielsweise den Intellekt und den Verstand angeht, so kamen diese erst in späteren Zeiten auf. Viel stärker aber waren in früheren Zeiten eben solche Qualitäten entwickelt wie beispielsweise die des Gedächtnisses, die dann aber, über die weitere

Entwicklung der Bewusstseinsformen, langsam abzunehmen hatten.

Just an dieser Stelle kommt Rudolf Steiner dann auf Kaspar Hauser zu sprechen, in dem er sagt, man müsste diese geisteswissenschaftlichen Erkenntnisse eigentlich wie bestätigt bekommen, so man einen Menschen beobachten könnte, der künstlich zurückgehalten worden war und dem man dann Intellektualität beibrächte. Dieser Mensch müsste dann ja in seinen Gedächtniskräften einen Verlust erleben. Und genau dies geschah ja bei Kaspar Hauser. Zu Beginn seiner Nürnberger Zeit hatte er ein phänomenales Gedächtnis und durch Daumer beispielsweise wissen wir, dass Kaspar Hauser mehrere Partien des Dame-Spiels, Zug um Zug, exakt und fehlerfrei wiederholen konnte. Diese Fähigkeit nahm dann aber konstant ab, als er durch seinen Unterricht an Intellektualität zunahm, bis dahin, dass seine Gedächtniskraft nach einiger Zeit auf ein durchschnittliches Maß der damaligen Menschheit zurückfiel.

So sind es im Besonderen fünf Aspekte, die Rudolf Steiner bezüglich Kaspar Hauser in diesem Vortrag anspricht:

- das Abnehmen seiner erstaunlichen Gedächtniskräfte bei zunehmender Intellektualität;
- seine geradezu eingeborene Wahrhaftigkeit;
- seine befriedende Wirkung auf wilde Tiere;
- der Stand von Sonne und Mond bei seiner Beisetzung in Ansbach, wie es Jakob Wassermann gegen Ende seines großartigen Romans beschreibt;
- sowie das Rätselhafte und Geheimnisvolle seines ganzen Wesens an sich. So spricht Rudolf Steiner in den wenigen Sätzen über Kaspar Hauser gleich dreimal das Wort aus: geheimnisvoll, geheimnisvoll, geheimnisvoll und zweimal das Wort: rätselhaft, rätselhaft!

Ja, was für eine geheimnisvolle, rätselhafte Wesenheit ist Kaspar Hauser, die uns heute hier zusammenführt!

Über die Aspekte der wilden Tiere und des Standes von Sonne und Mond bei Kaspars Beisetzung werden wir in zukünftigen Vorträgen ausführlich sprechen.

Fest steht, dass es nicht ganz richtig ist, wenn wir sagen, in diesem Vortrag aus dem Jahre 1908 in Nürnberg kam Rudolf Steiner das einzige Mal überhaupt auf Kaspar Hauser in einem Vortrag zu sprechen. Er erwähnt ihn tatsächlich nochmals, allerdings sehr kurz, in einem Vortrag vom 23. März 1923 in Dornach unter dem Titel: «Die Impulsierung des Weltgeschichtlichen Geschehens durch Geistige Mächte». Hierbei erwähnt er, dass es beispielsweiße Zeiten gab wie die der zweiten nachatlantischen Kulturepoche, in denen die Menschen noch große Aufmerksamkeit darauf richteten, welches Wetter bei Geburt oder Tod oder bei anderen maßgeblichen Ereignissen eines Menschenlebens vorherrschte. Und dann gibt er eben als ein signifikantes Beispiel hierfür an, dass ja bei Kaspar Hausers Beisetzung sich Sonne und Mond am Himmel gegenüber gestanden hatten, wie es Jakob Wassermann künstlerisch beschreibt. Ob dies nun aber einer tatsächlichen astronomischen Wirklichkeit entspricht oder ob es sich doch eher um eine Imagination handelt, das sei hier noch offen gelassen. Tatsache aber ist, dass Rudolf Steiner dieser Imagination einen hohen Wert zuspricht, sonst hätte er sie ja nicht zweimal, 1908 und 1923, erwähnt. Er betont somit die Beisetzung des physischen Leibes des Kindes von Europa in ihrer kosmischen Dimension, in der Sonne, Mond und Erde in einem spezifischen Verhältnis zueinander standen. Dieser Dreiklang aber erinnert uns auch an die Qualität von Osiris, Isis und Horus!

Kehren wir nun zu Kaspar Hauser zurück, wie er mit einem Brief auf dem Unschlittplatz in Nürnberg steht! Mit einem Schlüssel in der Tasche! Was sollte er aufschließen, was abschließen?

Ein engelgleiches Wesen, so wurde er von vielen Menschen beschrieben, das mit einem lügenerfüllten Sendschreiben der Nürnberger Gemeinde begegnet, die ihn jedoch als ein Pfand der Liebe aufnimmt.

Und es ist eben die Apokalypse des Johannes, die in ihrer ersten großen Stufe von den sieben Sendschreiben an die sieben urchristlichen Gemeinden in Asien kündet. Durch die Weisheit Rudolf Steiners dürfen wir daran teilhaben, dass diese Gemeinden als stellvertretend zu sehen sind für die sieben nachatlantischen Kulturepochen. Und wir befinden uns seit dem frühen 15. Jahrhundert in der fünften nachatlantischen Kulturepoche, dem Zeitalter der Bewusstseinsseelenentwicklung des Menschen. Der Repräsentant aber dieser Entwicklung ist Parzival. Und wir wissen, wie nah, wie tief verbunden Kaspar Hauser eben auch dem Parzival ist, ohne dass er aber in einer direkten, unmittelbaren Verbindung mit ihm steht im Sinne einer weiteren Inkarnation. Als Quintessenz meiner umfangreichen Kaspar Hauser/Parzival-Forschungen* konnte ich somit folgenden Erkenntnisschritt formulieren: Als durch die Versäumnisse des Menschen im 16.,17.,18. und 19. Jahrhundert der Parzivalweg, sprich der Aufstieg zu einer immer weiter sich vollenden wollenden Bewusstseinsseelen-Entwicklung, abzureißen drohte, musste eine erhabene Wesenheit dem Parzival, der der Repräsentant dieser Entwicklung ist, so ähnlich als möglich werden, um durch ihr Opfer den Weg der Entwicklungsmöglichkeit aufrecht erhalten zu können.

* zu finden in «Kaspar, der Schatzhüter», Info3 Verlag 2020

Und dies berührt ein weiteres Mal das große Zitat von Rudolf Steiner bezüglich Kaspar Hauser. Er sagt ja in jenem Gespräch, das er 1923 mit Ehrenfried Pfeiffer führt: «Wenn Kaspar Hauser nicht gelebt hätte und gestorben wäre, so wie er tat, so wäre das Band der Geistigen Welt zur Erde vollkommen gerissen.» Wir hatten dieses Zitat bereits im ersten Vortrag dahingehend ausgelegt, dass am Ende des Finsteren Zeitalters, dem Kali Yuga, die Gefahr drohte, dass dieses Zeitalter in gewisser Hinsicht nicht zu einem Ende hätte kommen können, um einem lichteren Zeitalter zu weichen.

Und um diese Gefahr zu unterbinden, geschah in der Wesenheit Kaspar Hauser ein Opfer, das die Kraft hatte, die Verbindung der Geistigen Welt mit der Erde aufrechtzuhalten, um dadurch den weiteren Aufstieg des Menschen zum Geistigen gewährleisten zu können!

Blicken wir nun aber zeitlich gezielter auf den Zeitraum der fünften nachatlantischen Kulturepoche, also einen Zeitraum von rund 2160 Jahren (bei dem Kali Yuga handelt es sich ja um einen weitaus größeren Zeitraum von rund 5000 Jahren), dann können wir erkennen, dass die Gefahr, die hierbei vorlag, die war, dass dieser Zeitraum in seiner Entwicklung sehr wohl zu einem jähen Ende hätte kommen können, in dem der weitere Weg der Bewusstseinsseele abzureißen drohte. Es wäre dann für lange Äonen dem Menschen nicht mehr möglich gewesen, die nächsten Stufen zu erreichen, von denen auch Johannes in seiner Offenbarung schreibt!

Blicken wir nun auf dieses fünfte Sendschreiben, um es in seinem Wesen erkennen zu dürfen. Es ist gerichtet an die Gemeinde zu Sardes und somit an uns! Und recht am Anfang gleich stoßen wir auf den entscheidenden, gewichtigen und auch schmerzhaften Satz, der da heißt:

«Du hast den Namen eines lebendigen Wesens und bist doch tot.» (so die Übersetzung von Emil Bock)

Da dieser Vers so wichtig ist, hören wir ihn noch in der Übersetzung Martin Luthers: «Dem Namen nach lebst du, aber du bist tot». Und in der sogenannten Einheitsübersetzung heißt es: «Du hast den Namen, dass du lebst, und bist tot».

Wenn wir uns auf diesen Satz, der sich auf unsere soeben gegebene Kulturepoche bezieht, wirklich einlassen, dann schmerzt er. Ja, eigentlich gleicht diese Aussage einer Ohrfeige! Und indem wir diesen Satz hören, ist auch gänzlich zu verstehen, warum ich in dem ersten Vortrag so oft den Begriff erwähnt habe des «lebendig begrabenen» Menschen, denn um nichts anderes geht es hier in diesem Vers der Apokalypse!

Erinnern wir uns, als Kaspar Hauser in Erscheinung trat und man von seinem unendlich langen, seltsamen Kerkerleben hörte, da bezeichnete man ihn als einen «lebendig Begrabenen». Und wir haben nun gestern und heute immer wieder davon gehört, dass, wenn Kaspar Hauser in diesem entscheidenden Moment der fünften nachatlantischen Kulturepoche nicht so gelebt hätte und gestorben wäre, so wie er tat, das Band der Geistigen Welt zur Erde vollkommen gerissen wäre. Das heißt aber doch, mit den Worten der Apokalypse gesprochen, der Mensch wäre dann tatsächlich zu einem «lebendig Begrabenen» verkommen, der dem Namen nach durchaus lebt, und eben doch tot ist!

So heftig aber dieser Vers der Offenbarung ist, so folgt doch unmittelbar darauf die klare Aufforderung: «Werde wach!» Ja: «Wach auf!» Das ist das wohl wichtigste Verb des fünften Sendschreibens! Unser Tot-Sein scheint also laut Apokalypse noch nicht so weit fortgeschritten zu sein, dass wir nicht durchaus noch daraus erwachen könnten. Und dies ist eben nichts anderes als die Bewusstseinsselenentwicklung der fünften nachatlantischen Kulturepoche!

Und nun verstehen wir auch noch besser das Exemplarische an dem okkulten Verbrechen, das gegen Kaspar Hauser verübt wurde. Erinnern wir uns nochmals an die äußerst wichtigen Worte Rudolf Steiners aus dem Jahre 1916: Er spricht von den Gegenkräften, «die nicht wollten, dass enthüllt werde, was sie als ein Experiment, als einen großangelegten Versuch inszenierten, um jene Individualität (Kaspar Hauser), durch eben ihr Experiment, von ihren Aufgaben zu trennen. Sie in einem Zwischenreich zu halten. Die Ichheit dieses Wesens soll nicht durchdringen können ihren Leib, soll draußen bleiben in einem Zwischenreiche, nicht reine Geistgestalt und nicht reiner Erdenmensch. Von ihren Aufgaben abgelenkt und wie in geistiger Verbannung bleiben. Das heißt, einen Leib zu formen, aber nicht tätig, als Ichheit, ihn ergreifen können».

Was an Kaspar Hauser also exemplarisch – und Anselm Ritter von Feuerbach betitelt sein wichtigstes Werk mit: «Kaspar Hauser oder *Beispiel* eines Verbrechens am Seelenleben des Menschen» – was an Kaspar Hauser also exemplarisch verübt wurde, das will nun von den gleichen Gegenkräften, die natürlich sich längstens weiter mutiert haben, gegen die Menschheit an sich verübt werden. Um dadurch die gleichen Intentionen, die es bereits bezüglich Kaspar Hauser gab, nun menschheitsweit zu installieren, auf dass der Mensch nicht weiter in seiner Bewusstseinsseelenentwicklung aufsteigen möge. Auf dass er tatsächlich zu einem «lebendig Begrabenen», zu einem «Weder–noch» degenerieren möge! Weder rechtens im Leben, noch rechtens im Tode!

Oder eben mit den Worten der Apokalypse gesprochen: Dem Namen nach durchaus als lebendig erscheinen, in Wahrheit aber tot sein!

Dies ist der so ungemein wichtige Aspekt, warum wir uns heute und bis in ferne Jahrhunderte hinein, mit Kaspar Hauser beschäftigen sollten. Denn wir können an ihm exemplarisch lernen! Zum Glück nicht aber nur lernen, was die große Gefahr betrifft, sondern auch lernen, wie sich das daraus Errettende gestalten will! Denn so ungeheuerlich dunkel die Geschehnisse um Kaspar Hauser sind, so hell, so schön, so edel ist er in seinem kindlichen Wesen. Wo viel Schatten, viel Licht!

Betrachten wir noch zwei Aspekte, die mit diesem wichtigsten Vers des fünften Sendschreibens in Verbindung stehen: «Dem Namen nach lebst du, aber du bist tot.»

Dafür müssen wir nun einmal unseren Blick auf den Erbprinzen richten, weit bevor er gewissermaßen den Namen Kaspar Hauser zu tragen beginnt. Und rufen wir uns dabei nochmals in Erinnerung, was dieser Erbprinz als Königliche Hoheit Großherzog von Baden sozialpolitisch hätte bewirken können. In den Worten Rudolf Steiners, aus dem bereits erwähnten Gespräch aus dem Jahre 1916, heißt es: «Süddeutschland hätte werden sollen die neue Gralsburg der neuen Geistesstreiter und die Wiege künftiger Ereignisse. Wohlvorbereitet war der Geistesraum durch alle jene Persönlichkeiten, die wir als Goethe, Schiller, Hölderlin, Herder usw. kennen. Kaspar Hauser sollte wie um sich herum sammeln all das, was da lebte in diesem so vorbereiteten Geistesraum.»

Was eigentlich aber bedeutet in diesem Zusammenhang dieser so schöne und poetische Begriff der «Gralsburg» genau? In letzter Konsequenz bedeutet er nichts

Geringeres als eine Art Präfiguration des «Himmlischen Jerusalem»! Ja, die Königliche Hoheit hätte den sozialen Organismus in einer Weise durchchristen können, dass dieser durchaus zu einer Art Baustein für das noch weit zukünftige «Himmlische Jerusalem» hätte werden können. Und da dies von den Gegenkräften aufs heftigste unterbunden wurde, musste der Erbprinz, dann als Kaspar Hauser – der diese Gralsburg so nicht mehr hat bauen können –, den Parzivalweg aufrecht erhalten! Dadurch, dass ihm dies gelang, können wir Heutigen und Morgigen weiterhin nun die uns möglichen Präfigurationen für das weit zukünftige «Himmlische Jerusalem» beisteuern.

Der zu Michaeli 1812 geborene Erbprinz wurde am 16. Oktober 1812 für tot erklärt, obwohl wir wissen, dass er nach seiner Geburt als völlig gesund galt. Aber, und auch dies wissen wir, es war ja nicht er, der da starb, sondern ein Austauschkind, das an seiner statt in dessen Wiege zu sterben hatte. Und wir verdanken es dem Nürnberger Kaspar-Hauser-Forscher Fritz Klee, dass die Identität dieses Austauschkindes sogar erkannt hat werden können. Es ist Ernst Blochmann, Sohn eines Bediensteten der Gräfin Hochberg! Der Erbprinz galt also als tot, lebte aber in Wahrheit noch. Das Austauschkind aber galt als lebend, war aber in Wahrheit tot! Erinnern Sie sich bitte, wie ich im gestrigen Vortrag sagte, wie alles bei Kaspar Hauser zeichenhaft wirkt! Und als man dann den Erbprinzen, sprich Kaspar Hauser, im Dezember 1833 töten wollte, erinnert man sich des längst gestorbenen Austauschkindes, das seinem Namen nach aber in den Dokumenten ja noch lebte, und lässt es in diesem Moment, November 1833, aus «Sicherheitsgründen» in den Akten ebenfalls sterben. Als Soldat einer in Griechenland stationierten bayerischen Armee! Doch dort hat es nie einen Soldaten Ernst Blochmann gegeben.

Was also liegt vor? Ein Kind, das dem Namen nach lebte, aber tot war, war geopfert worden für ein anderes Kind, das dem Namen nach tot war, aber in Wahrheit lebte! Sie sehen, wie tief dies im Zusammenhang steht mit der Quintessenz des Sendschreibens an die Gemeinde in Sardes und somit mit der fünften nachatlantischen Kulturepoche. Sodass wir also zusammenfassen dürfen: Als durch die unermessliche Geistferne im 19. Jahrhundert die große Gefahr bestand, dass der Mensch tatsächlich nur noch dem Namen nach lebte, da vollzieht ein Wesen, das dem Namen nach nur tot war, eine Rettung bringende Tat, auf dass der Mensch weiterhin aus seinem «Tode» ins bewusste Leben erwachen können möge.

All dies zeigt sich auch in dem wichtigen Satz Anselm Ritter von Feuerbachs, den er in seinem «Memoire» über Kaspar Hauser als eine Quintessenz seines kriminalistischen Forschens wie folgt auf den Punkt bringt: «Ein Kind wurde für tot ausgegeben, wird noch jetzt für tot gehalten, lebt aber noch in der Person des armen Kaspar.»

So müssen wir an dieser Stelle aber auch noch kurz einen weiteren Aspekt betrachten bezüglich des so wichtigen Satzes aus der Offenbarung, in dem wir uns nochmals dem Wirken der Gegenkräfte widmen, die ja genau dies wollen, den Menschen in seiner möglichen Entwicklung so zu brechen, dass er gleich einem «lebend Toten» bleiben möge. Welches Instrumentariums bedienen sich denn diese Kräfte heutzutage vorrangig? Wie können sie erzielen, was in ihrer Absicht steht? Wie wäre denn eine heutige, menschheitsweite Einkerkerung, wie sie damals an Kaspar Hauser exemplarisch vorgenommen wurde, möglich, um zu einer geistigen Verbannung des Menschen schlechthin zu führen? Und frappierend klar zeigt sich in unseren Zeiten auf, wie hervorragend geeignet eines ihrer Hauptinstrumentarien ist, genau diese Absichten voranzutreiben. Es scheint gar wie prädestiniert hierfür zu sein! Ein Hauptinstrumentarium aber ist kein anderes als das der digitalen Technik!

Ein ganzes Seminar könnten wir nun hierzu gestalten mit dem Titel: «Die Wesenheit der digitalen Technik im Kontext des Sendschreibens an die Gemeinde zu Sardes»! Ungemein klare, erschreckend klare Erkenntnisse würde dies uns bringen.

Wählen wir nur ein sehr kleines, aber signifikantes Beispiel aus: Heute gibt es ja einen neuen Beruf, den es über die Jahrtausende der Menschheitsentwicklung noch nicht gab, und das ist der des digitalen Bestatters. Ja, nehmen wir an, ein Mensch stürbe, so würde er ja dennoch innerhalb seiner Unmengen an digitalen Daten fürs Erste weiterleben. Und würden diese Unmengen an Daten und Informationen nicht «bestattet» werden, so würden diese mit Leichtigkeit ein Eigenleben erlangen können, durch das ein ungeheuerliches Potenzial an Missbrauch entstehen könnte, das die Macht hätte, den an sich längst Verstorbenen schwer zu belasten! «Dem Namen nach lebst du, aber du bist tot.»

Aber auch das Gegenteilige ist sehr, sehr leicht machbar: Ein Mensch lebt, wird aber durch die Wucht digitaler Informationsmengen für tot erklärt. Und es sind längstens die Zeiten nahe, in denen dieser an sich noch lebende Mensch es nicht mehr vermögen wird, zu beweisen, dass er noch lebt! «Du lebst, dem Namen nach aber bist du tot».

Und diese beiden kleinen Beispiele, sie sind bewusst sehr kleine Beispiele. Wir könnten weitergehen und größere Beispiele nennen, der Schmerz darüber aber, liebe Freunde, er wäre dann bereits nahezu unerträglich! Denn die Virtualität hat bereits jetzt grausame, für die Seele kaum mehr zu ertragende Dimensionen erreicht!

Gehen wir nun einen entscheidenden Schritt weiter!

Der Repräsentant der fünften nachatlantischen Kulturepoche ist, das hörten wir bereits, Parzival! Wer die Menschheit aber durch die fünfte nachatlantische Kulturepoche in die sechste hinein führt, das sind im Besonderen zwei große Meister des esoterischen Christentums. Hier nun ist die Zeit gekommen, den Namen des ersteren einmal klar in den Raum zu stellen! Es ist Christian Rosenkreutz! In gewisser Hinsicht sprechen wir bereits all die Zeit über ihn, indem wir von Johannes sprechen. Denn seit den Zeiten des Mittelalters trägt diese Individualität den esoterischen Namen des Christian Rosenkreutz. Es geschah durch Manes, Manes/Parzival, dass Christian Rosenkreutz im Jahre 1459 seine Initiation erhielt, die ihn tief einführte in die Erkenntnis der Mysterien des Bösen! An dieser Stelle müssen wir wieder aufhorchen, denn wenn wir die Aussagen Rudolf Steiners zu Kaspar Hauser hören, dann können wir ja einen dreimaligen Bezug Kaspar Hausers zu Christian Rosenkreutz vernehmen.

Wir hörten bereits im ersten Vortrag die Worte Rudolf Steiners, die da besagen: «Nächst Christian Rosenkreutz (habe) Kaspar Hauser die Leiden des Christus am stärksten nachempfunden.»

Und wir kennen Rudolf Steiners Worte zu dem «nicht hoch genug zu schätzenden Professor Daumer», welcher der letzte (damals lebende) Rosenkreutzer sei.

Drittens kommt Rudolf Steiner in seinem Gespräch vom 3. März 1925 mit Graf Polzer-Hoditz zu der Aussage, dass «jene Individualität, welche sich hinter dem Kaspar-Hauser-Schleier verhüllen» soll, eine Wesenheit sei, welche inspirierend in den Rosenkreutzer-Zusammenhängen seit Anfang an gewirkt habe.

Das ist also bedeutsam: Kaspar Hauser als eine Wesenheit zu erkennen, die seit Anfang an inspirierend in den Rosenkreuzer-Mysterien gewirkt hat. Und diese Wesenheit trifft dann, durch die waltenden Schicksalskräfte ermöglicht, just auf den damaligen letzten Vertreter eines lebendigen, wahren Rosenkreuzertums, Georg Friedrich Daumer. Als ob eine Brücke dadurch geschaffen, ein Band dadurch geknüpft hat werden sollen, auf dass das wahre Rosenkreuzertum nicht abzureißen hatte!

Wobei es natürlich hochinteressant ist, zu fragen: Was eigentlich heißt «seit Anfang an»?

Dies führt uns nun wieder zurück zu der entscheidenden Frage, die ich bereits im gestrigen Vortrag erwähnte: Mit wem eigentlich haben die Gegenkräfte gerechnet? Mit welch hoher Inkarnation welcher Wesenheit mussten sie rechnen, die sie dazu veranlasste, ein solch komplexes, okkultes Verbrechen zu begehen? Und dann führte ich die Frage noch weiter im Sinne von: Haben die Gegenkräfte mit einer weiteren Inkarnation des Johannes gerechnet? Jene Wesenheit, die durch Christus Jesus selbst das zukünftige Christentum anvertraut bekommen hatte? Und pferchen diese Wesenheit darum in eine okkulte Gefangenschaft, auf das sie nicht nur physisch, so wie damals auf Patmos, sondern nun darüber hinaus auch noch geistig verbannt sein sollte?

Diese Frage können wir jetzt aber noch weiter spezifizieren, in dem wir fragen: Haben die Gegenkräfte bei dem Erbprinzen mit einer weiteren Inkarnation des Christian Rosenkreutz gerechnet? Denn das ist doch offenkundig, wie sehr Kaspar Hauser im Kontext zu Christian Rosenkreutz zu sehen ist. Um bezüglich dieser schwierigen Frage nun zu einer Annäherung an eine mögliche Antwort zu kommen, ist es hilfreich, eine nochmals weitere, noch spätere Inkarnation des Johannes, als die des Christian Rosenkreutz, zu betrachten. Diese führt uns bereits in das ausgehende 17. sowie in das 18. Jahrhundert hinein, in eine Zeit also, die bereits kurz vor der des Erbprinzen liegt.

Hier stoßen wir nun auf einen Namen, der auch ein Mysterium ist! Es ist der Graf von Saint Germain.

Es ist nicht leicht, über diesen Grafen zu sprechen, denn vieles, was seinem Namen zugeordnet wird, ist gar nicht von ihm getätigt worden, vieles aber, was von ihm getätigt wurde, ist gar nicht unter seinem Namen zu finden. Dies kommt auch daher, da er eine Vielzahl an Pseudonymen hat wählen müssen, da ja seine Inkarnation eine große Gefahr für ihn bedeutete. Als Eingeweihter eine exoterische, historisch greifbare Inkarnation zu wählen, ist eine große und über die Zeiten immer größere Gefahr und somit an sich ein Opfer. Daher sind die großen Eingeweihten ja meistens im Verborgenen, im Anonymen tätig, um gerade dadurch sich zu schützen und ihr Wirken zu ermöglichen. «Nur das Geheimnis sichert den Erfolg» ist daher ein wichtiger Satz, den der Graf von Saint Germain selbst gesagt haben soll. Und dazu gehört eben vor allem auch das Mysterium des Namens!

Ist aber nicht auch die ganze Kaspar Hauser-Geschichte Zeichen für das Mysterium des Namens, unseres wahren Namens? Dies beispielsweise zeigt sich ja auch auf signifikante Weise bereits an der Inschrift, die der Kindersarg des Erbprinzen trägt, auch wenn wir wissen, dass es nicht der Erbprinz, sondern eben Ernst Blochmann ist, der hier beigesetzt wurde, so der Sarg überhaupt einen Leichnam birgt. Auf dem Sarg steht geschrieben N.N., was in lateinischer Sprache bedeutet: *nomen nescio, nomen nominandum*: der Name fehlt, der Name ist noch zu nennen. Man wählte ja diese Formulierung, da die Eltern sich nicht haben einig werden können über den Namen ihres Kindes. Und in dieser Zeitspanne des Zweifelns, da stirbt das Kind und es wird mit einer Nottaufe ohne Namensgebung beigesetzt. Und doch, es war ja das Austauschkind, das mit einer Nottaufe beigesetzt wurde. Konventionell betrachtet heißt dies also, dass die Uneinigkeit der Eltern dazu führte, dass das Kind noch keinen Namen erhalten konnte. Spirituell betrachtet aber heißt dies, dass in dem Kind selbst etwas vorgelegen haben muss, nicht sogleich beim Namen genannt werden zu wollen! Und so ist die ganze exoterische Kaspar Hauser-Forschung letzten Endes ein Forschen nach seinem Namen in der Welt, die ganze esoterische Kaspar Hauser Forschung aber ein Forschen nach seinem ewigen, geistigen Namen! Diesen Namen aber kann man nicht ergreifen, erjagen wollen, dieser Name offenbart sich, so der Träger des Namens es will.

Ja, das ganze Mysterium des Namens ist ein ebenfalls stark apokalyptisches Motiv. So beispielsweise im 19. Kapitel, das von einem Reiter auf einem weißen Pferd kündet, der viele Kronen auf seinem Haupt vereint und einen Namen trägt, den nur er allein kennt!

Der Graf von Saint Germain war, bei allem, was wir erkennen können, als Sohn des Fürsten von Siebenbürgen, Franz II. Rákóczi am 28. Mai 1696 in Cluj geboren worden. Und da der Vater ein Kämpfer für die Unabhängigkeit Siebenbürgens von der Monarchie der Habsburger war, hatte er große Sorge um seinen Erstgeborenen, Leopold Georg, und erklärt diesen daher als Vierjährigen aus Sicherheitsgründen für gestorben! Ja, denn ein Toter hat ja keine mögliche Verfolgung, Entführung oder Ermordung zu befürchten! Der Vater aber sendet das Kind in die Toskana zu einem würdigen Fürstenerzieher. Das Kind wurde nicht verbannt, sondern durch diese Tat geradezu am Leben gehalten und auf seine wahren Inkarnationsaufgaben vorbereitet! Was für eine ungemeine Signatur! Als Vierjähriges wird das Kind für tot erklärt, lebt aber in einem fernen Land zur Vorbereitung seiner Lebensmission. Seine deutsche Mutter aber, die am Rhein geborene Fürstin Charlotte Amalie, sollte das Kind nie wieder sehen!

Erinnern wir uns: «Ein Kind wurde für tot ausgegeben, wird noch jetzt für tot gehalten, lebt aber noch in der Person des ...» Grafen von Saint Germain, wie Leopold Georg sich dann seit seiner Firmung als 16jähriger im Jahre 1712 (!) nennen wird. Das also dürfen wir uns verinnerlichen: Neben Kaspar Hauser, der die fünfte nachatlantische Kulturepoche in ihrer Entwicklung aufrecht erhalten hat können, ist es insbesondere und zu allererst der Graf von Saint Germain, sprich Christian Rosenkreutz, dem die fünfte nachatlantische Kulturepoche überhaupt anvertraut worden war. Beide aber sind Kinder, die dem Namen nach tot waren, in Wahrheit aber lebten, um somit die Epoche, die geprägt ist durch den Menschen, der nur dem Namen nach lebt, in Wahrheit aber tot ist, zu ihrem weiteren Aufstieg und zu ihrer Blüte führen zu können!

In den auf die Firmung folgenden Jahren beginnt eine rege Reisetätigkeit, die Saint Germain in Begegnung bringt mit einer immer größeren Anzahl an unterschiedlichsten Aufgaben und verschiedensten politisch gewichtigen Persönlichkeiten. Um uns in der ungemeinen Fülle seiner Tätigkeiten nicht zu verlieren, können wir sagen, die Quintessenz, das Wesentlichste all seines Wirkens und Trachtens wird in zunehmenden Maße das Ringen um einen politischen Frieden, um eine Veredelung, um eine Durchchristung der sozial-politischen Ordnung damaliger Zeit! So schreibt beispielsweise kein Geringerer als Voltaire an den preußischen König Friedrich den Großen im Jahre 1760: «Man sagt, dass das Geheimnis des europäischen Friedens nur von einem gewissen Herrn von Saint Germain gekannt werde...» Unermüdlich reist der Graf jahrein, jahraus von einem Fürstenhof, von einem Königshaus zum nächsten, immer im Dienste der wahren Freiheit, der wahren Gleichheit, der wahren Brüderlichkeit! «Der Kutscher Europas» wird er daher auch genannt, oder auch «der Graf von Europa».

Und dieser «Graf Europas», er steht dadurch eben auch in einer tiefen Verbindung zu dem Pfingstfest! In solch einer tiefen Verbindung, dass wir Rudolf Steiners Worte aus seinem Pfingst-Vortrag vom 23. Mai 1904 in Berlin zur Hilfe nehmen müssen. Rudolf Steiner sagt hierbei die schwierigen Worte:

«Wofür eigentlich das Pfingstfest Symbol ist, was dem Pfingstfest zugrunde liegt, was es im tieferen Sinne bedeutet, das ist nur aufgeschrieben in einem Manuskript, das sich im Vatikan, in der Vatikanischen Bibliothek befindet und in der sorgfältigsten Weise behütet wird. In diesem Manuskript ist allerdings nicht von dem Pfingstfest, wohl aber von dem gesprochen, wofür das Pfingstfest nur das äußere Symbol ist. Dieses Manuskript hat wohl kaum jemand gesehen, der nicht in die tiefsten Geheimnisse der katholischen Kirche eingeweiht war oder es im

Astrallichte zu lesen vermochte. Eine Kopie davon besitzt eine Persönlichkeit, welche von der Welt sehr verkannt worden ist, die aber heute für den Geschichtsbetrachter anfängt interessant zu werden. Ich könnte auch ebenso sagen «hat besessen» statt «besitzt», aber es entstände eine Unklarheit dadurch. Deshalb sage ich: eine Kopie besitzt der Graf von Saint-Germain, von dem wohl die einzigen Mitteilungen stammen, die es in der Welt davon gibt.»

Dies ist nun sehr schwer zu verstehen. Aber ich habe mich dennoch entschlossen, diese Worte zu erwähnen, da durch sie die Dimension zumindest erahnt werden kann, warum die Aussetzung des Kaspar Hauser tatsächlich just zu Pfingsten geschieht. Als Endpunkt eines langen, okkulten Experimentes, das der geistig-seelisch-körperlichen Zerstörung eines christlichen Eingeweihten galt!

Blicken wir nun noch auf eine besondere Situation im Wirken Saint Germains in den Jahren 1774 und 1775. Da ist er beispielsweise zu Besuch am Hofe Badens und hat lange Unterredungen mit Karl Friedrich, dem späteren ersten Großherzog von Baden und Urgroßvater des Erbprinzen, den wir als Kaspar Hauser kennen. Und auch wenn Saint Germain bei diesen Besuchen ebenfalls ein Pseudonym trägt, so dürfen wir davon ausgehen, dass der weise Karl Friedrich ihn erkennt. Karl Friedrich gilt zu jener Zeit als einer der weisesten, liberalsten und besten Fürsten der deutschen Lande und ist hoch geschätzt von Goethe und auch von Herder. Und mit 73 Jahren Amtszeit ist er einer der am längsten regierenden Monarchen in der Geschichte der Menschheit überhaupt. Das ist eine fast alttestamentarische Dimension! 73 Jahre Regentschaft! Was aber wurde in diesen Gesprächen zwischen ihm und Saint Germain angelegt, was vorbereitet? Bedenken wir noch die weit in der Vergangenheit liegende

Inkarnation des Saint Germain als Hiram Abif, dann müssen wir uns durchaus fragen, wer ist dieser weise Regent, dem Saint Germain in Karlsruhe begegnet? Just in der Stadt, die einst im Zeichen der Sonne gebaut worden war!

Zu gleicher Zeit, im Jahre 1775, da ist der Graf Saint Germain auch in Ansbach. An jenem Ort, an dem sich Kaspar Hauser 58 Jahre darauf exkarnieren sollte. Auch hier wird er wohl erkannt von Markgraf Alexander, der aber erzürnt gewesen sein soll, unter dem Anagramm «Tzarogy» den Grafen von «Rakoczy» zu entdecken. Ein Anagramm aber war auch bei der berühmten, 1816 im Oberrhein aufgefundenen Flaschenpost von Bedeutung, als von einem gefangen gehaltenen Kind berichtet wurde, dem Erbprinzen. Und in Ansbach, da verweilte Saint Germain exakt in dem Haus, in dem dann Regierungspräsident von Stichaner wohnte, bei dem Kaspar Hauser immer wieder zu Gast war und so sehr das Tanzen liebte. «Mensch, lerne tanzen», heißt es bei Augustinus, «sonst wissen die Engel im Himmel mit dir nichts anzufangen». Hier aber, bei dem Kind Europas, da können wir sagen: «Kaspar, lerne tanzen, sonst wissen die Menschen auf der Erde mit Dir nichts anzufangen!» Und es war von Stichaner, der dann die berühmten Worte einschreiben ließ auf Kaspar Hausers Grab: «*Hic jacet Casparus Hauser, aenigma sui temporis, ignota nativitas, occulta mors*» und auf den Gedenkstein im Hofgarten: «*Hic occultus occulto occisus est*». Was also hat der Graf von Saint Germain neben der Stadt Karlsruhe auch in der Stadt Ansbach zur Vorbereitung gebracht, und dies zudem zu gleicher Zeit?

1784 exkarniert sich dann der Graf von Saint Germain. 28 Jahre darauf aber wird der Erbprinz in der Sonnenstadt Karlsruhe geboren!

Gehen wir nun noch einen Schritt weiter und widmen uns demjenigen Menschen, der in seinem ganzen Wesen als ein exaktes Gegenbild zu dem Grafen von Saint Germain gesehen werden kann: es ist Lord Stanhope, der Gegenspieler Kaspar Hausers. Auch er stammt von altem Hochadel ab, flieht aber vor seinem Vater und wird in fernen Landen als Spion und Geheimagent aufgebaut. Ganz im Dienste alter, längst überholter aristokratischer Systeme reist er dann durch Europa, zum Zweck, diese wieder bestmöglich zu installieren, wie es ja auch die Absicht Fürst Metternichs war, für den er ebenfalls arbeitete. Bereits ab dem Jahre 1821 ist er nachweislich schon mit dem «Fall Kaspar Hauser» betreut! Und als im Oktober 1829 das erste Attentat auf Kaspar Hauser verübt wurde, da befindet er sich «rein zufällig», allerdings noch inkognito, ebenfalls in Nürnberg. Erst im Jahre 1831 geht er aber in die Offensive und spricht bei Bürgermeister Binder vor, er wolle das Kind Europas kennenlernen. Wann geschieht diese erste, entscheidende Begegnung? Genau am 28. Mai. Dies aber ist der Geburtstag des Grafen von Saint Germain. Und es ist der exakte Moment des ersten Mondknotens Kaspar Hausers! Sie sehen, mit welchem Wissen, mit welchen Mitteln die Gegenkräfte arbeiten! Daraufhin aber reist Stanhope postwendend nach Ansbach zu Feuerbach, um ihn den bereits vorgefassten Gedanken von Kaspar Hausers Reise nach Ungarn zu unterbreiten. Ja, es ist Stanhope, der zu Kaspar sagt: «Mein lieber Sohn, es ist nun entschieden, Du bist ein ungarischer Magnat!» Was für ein seltsam befremdender Satz! Ein Magnat aber ist ein dem Hochadel zugehöriger Mensch. Was aber war der Graf von Saint Germain? Er war Ungarischer Magnat! Und so wird Kaspar Hauser im Sommer 1831 ebenfalls mit einer

Kutsche durch Europa reisen, ebenfalls mit einem Decknamen geschützt, Karl Heinlein! Sodass wir nun fragen müssen: Was wirklich suchte man in Ungarn? Die Herkunft Kaspar Hausers, so wie man es vorgab? Oder doch etwas ganz anderes?

Tatsache ist, als sich 1835 Stanhope vor dem Gericht in München zu verantworten hatte, warum er denn von Kaspar Hauser postum solch ein schlechtes, zutiefst negatives Bild verbreitete, da sagte er, das habe an der großen Enttäuschung gelegen über die Ungarnreise, die keinerlei Ergebnisse eingebracht hatte! Sie sehen: das macht an sich keinerlei Sinn, war er es doch, der behauptete, Kaspar Hauser sei Ungarischer Magnat!

Und als Stanhope bereits im Januar 1832 Ansbach verlassen hatte und seinen soeben ihm anvertrauten Pflegesohn nie wieder sehen sollte, da wollte man Kaspar Hausers Trauer mit einer kleinen Exkursion in das benachbarte Städtchen Triesdorf lindern. Triesdorf aber war just der Ort, an dem der Graf von Saint Germain sein alchemistisches Laboratorium geführt hatte.

Fassen wir nun all diese Gedanken bezüglich Kaspar Hauser und der Wesenheit Hiram Abif/Lazarus-Johannes/Rosenkreutz/Saint Germain in vier Schritten zusammen.

Erstens dürfen wir mit großer Gewissheit sagen, dass zwischen Kaspar Hauser und Christian Rosenkreutz eine maßgebliche Nähe besteht. Und doch wäre es nicht stimmig, vorschnell zu dem Gedankenschritt zu gelangen, es würde sich dabei um ein und die selbe Individualität handeln. Schon zwischen Kaspar Hauser und Manes/Parzival gibt es ja eine erstaunliche Nähe und doch liegt kein unmittelbarer karmischer Bezug vor. Und dies ist auch bei Kaspar Hauser in Bezug zu Johannes/Christian

Rosenkreutz/Saint Germain der Fall. Ja, Kaspar Hauser ist nochmals ganz anderer Art, er ist komplexer zu sehen als einer direkten karmischen Folge zugehörig, die über den Zeitenlauf mehrere Inkarnationen aufweist.

So hatten die Augenzeugen Kaspar Hauser ja tatsächlich als «einziges Geschöpf seiner Gattung» empfunden, das aus einer völlig anderen Zeit, von einem völlig anderen Ort herzukommen schien! Und diese Empfindung bestätigt Rudolf Steiner ja mit seinem gewichtigen Wort, Kaspar Hauser sei ein «versprengter Atlantier».

Zweitens dürfen wir, mit recht großer Gewissheit sagen, dass Saint Germain wie vorbereitend gewirkt hatte für die Inkarnation des Erbprinzen zu Michaeli 1812 in Karlsruhe. Der Erbprinz hätte ja von dieser Sonnenstadt aus direkt das Wirken Saint Germains aus den Zeiten vor der Französischen Revolution weiterführen können, um nun, mit Hilfe der großen deutschen Dichter und Denker, sehr wohl eine neue, hohe sozial-politische Ordnung zu schaffen, eine Gralsburg, wie Rudolf Steiner es nennt. Und selbst in Ansbach scheint Saint Germain «etwas» vorbereitet zu haben.

Drittens dürfen wir, nicht mit Gewissheit, aber doch mit einem begründeten Recht, die These aufwerfen, inwieweit die Gegenkräfte bezüglich des 1812 geborenen Erbprinzen tatsächlich mit einer weiteren Inkarnation des großen Christus-Dieners Johannes/Christian Rosenkreutz/Saint Germain gerechnet hatten! Doch ihr Experiment der okkulten Gefangenschaft, das sie an ihm verübten, scheiterte! Warum aber eigentlich, die Frage müssen wir uns auch einmal stellen, scheiterte es? Hatte man schlecht gearbeitet? Wohl kaum! Oder liegt es vielleicht daran, dass der Eingekerkerte ein anderer war, als der, mit dem man gerechnet hatte?

Und *viertens*, und dies ist nun ein nochmals sehr schwierig zu denkender Schritt, müssen wir uns fragen, inwiefern es von der Geistigen Welt möglicherweise tatsächlich angedacht gewesen war, die Individualität des Saint Germain gleich nochmals und erneut in eine exoterische Inkarnation herabzusenden, bei allem Opfer, die dies für ihn bedeutet hätte? Denn die Notwendigkeit eines rettenden Impulses bestand ja!

Es ist ja das Wirken der *Archai*, der Geister der Persönlichkeit, aus dem heraus die Mysterien der Geburt geschehen! Denn, welche Individualität sich wann inkarniert, das liegt in ihrem Aufgabengebiet. Und so hatten sie, die auch den schönen Namen tragen der *Urengel*, ja bereits den Entschluss gefasst, eine Fülle erlauchter Geister nahezu zeitgleich zur Inkarnation zu geleiten, auf dass der Gefahr eines Risses zwischen Geistiger Welt und Erde vorgebeugt hat werden können. Es sind die deutschen Dichter und Denker.

Und doch brauchte dieser Kreis an Geistesgrößen eines noch Größeren, eines Mittelpunkt-Wesens, das diesen geistigen Reichtum in eine Durchchristung der sozialpolitischen Ordnung hätte transponieren können. Nur dann hätte der Riss wirklich verhindert werden können.

Als die Geistige Welt aber von der ungeheuerlichen, okkulten Gefahr erfährt, die diesem Mittelpunkt-Wesen drohte, da geschieht ein «abwägendes Innehalten». Diese Zeitspanne des «abwägenden Innehaltens» können wir empfinden, wenn wir auf die Jahre ab 1806 blicken. Napoleon hatte ja seine Adoptivtochter Stephanie de Beauharnais zwangsverehelicht mit Karl von Zähringen. Doch über einige Jahre sollte aus dieser Ehe keine Nachkommenschaft erfolgen, und Napoleon intervenierte – erbost! Erst 1811 empfängt das Paar ein Kind, eine

Tochter. 1812 dann einen Sohn, den Erbprinzen. Der Zeitpunkt dieser Geburt aber ist durch Napoleons Russlandfeldzug der exakte Zeitpunkt eines weltpolitischen Wendepunktes! Für welche Inkarnation welchen Wesens hatten sich die *Urengel* dann aber entschieden gehabt?

Liebe Verbündete in Kaspar Hauser! Kommen wir nun zum Abschluss der beiden Vorträge auf einen letzten, äußerst wichtigen Aspekt, auch wenn es noch Vieles, Weiteres zu besprechen gäbe angesichts unseres Vortragstitels: «Kaspar Hauser und die Apokalypse des Johannes», wie beispielsweise die Beziehung von Kaspar Hauser zum Erzengel *Michael*!

Im zwölften Kapitel kommt die Apokalypse auf ihn und seinen Kampf in den Himmeln zu sprechen, und wir kennen auch die ungeheuerliche Darstellung Albrecht Dürers, wie die Drachenwesen durch den Erzengel auf die Erde gestürzt werden. Weit von jenseits des Bildrandes kommt der gezielte Stich des lichten Michael gegen die finsteren Mächte und führt zu seinem Sieg! Kaspar Hauser erhält auch einen gezielten Stich, und es ist ein Helfershelfer einer weit ins Verborgene hineinragenden Gegnerschaft, der den okkulten Morddolch in das edelste Organ des Kindes von Europa rammt, in sein kindliches Herz! Drei Tage darauf wird Kaspar über die Schwelle gehen, und wir kennen seine wunderbaren, engelsgleichen Worte, die von größter Friedfertigkeit künden. Nur einen Satz hören wir aus seinem Mund, den wir den «apokalyptischen» nennen können. Auf dem Sterbebett sagt er plötzlich: «Das Ungeheuer war größer.»

Ja, das war es! Zumindest vom exoterischen Gesichtspunkt aus war es das! Kaspar Hauser unterliegt dem Ungeheuer! Später aber wird es dann das Ungeheuer sein, das Michael unterliegen wird. Diese beiden Ereignisse dürfen wir lernen, zusammenzudenken und zu meditieren. Denn ja, das erste, auf der Erde geschehende Ereignis ist wie ein einleitendes Pendant zu dem zweiten, in den Himmeln Geschehendes! Und wir dürfen wagen zu sagen, dass das erste Ereignis stärkend wirkte auf das zweite. Das Opfer des «Kindes von Europa» stärkte den Sonnen-Erzengel zu seinem Sieg! Dies können wir lernen, an der zeitlichen Struktur abzulesen. Nur wenige Jahre nach der okkulten Ermordung des Kaspar Hauser, da macht sich der Erzengel auf den Weg, zu einem Zeitgeist aufzusteigen, um dann 1879 seinen Kampf in den Himmeln als Sieger davon tragen zu können. Das Jahr 1842 ist dabei ein ganz entscheidendes und gilt als der Zeitpunkt höchster «materialistischer Krisis», so Rudolf Steiner.

In den Zeiten Kaspar Hausers, da las man gerne auch den schwäbischen Theosophen Johann Albrecht Bengel, der in seinem Werk von 1740 «Erklärte Offenbarung Johannes» den Beginn des «tausendjährigen Reiches» für das Jahr 1836 berechnet hatte. Rudolf Steiner spricht darüber und sagt, dass Bengel sich gewissermaßen nur um sechs Jahr geirrt hatte. Und tatsächlich, durch Georg Friedrich Daumer wissen wir, dass Kaspar Hauser gleich zu Beginn in Nürnberg mit dieser Lehre in Berührung kam. Dass Geistliche versuchten, dem Findling diese Lehre nahezubringen, empörte Daumer. Er schreibt: «Wie es einem Hauser, für den sich die Belehrung auf die allerwesentlichsten Punkte des christlichen Glaubens hätte beschränken sollen, vorkommen musste, wenn ihm gesagt wurde, es gebe drei Himmel, im Jahre 1836 werde der Jüngste Tag kommen und dergleichen, kann man sich denken.» Das Kind Europas also bekommt in Nürnberg den unmittelbar bevorstehenden Beginn des «tausendjährigen Reiches» gelehrt! Was für eine Signatur!

Sprechen wir nun über den, für heute, letzten Aspekt: Kaspar Hauser hält die Entwicklung der fünften nachatlantischen Kulturepoche aufrecht. Dadurch aber führt auch er die Menschheit, neben der Individualität des Johannes/Christian Rosenkreutz, direkt in die sechste nachatlantische Kulturepoche hinein, die in der Apokalypse den Namen trägt: Philadelphia. Dieser wunderbare Name spricht von einer geschwisterlichen Liebe, in der alte, heute in der Menschheit noch trennend wirkende Grenzen überwunden sein werden. Und es wird das *Geistselbst* sein, das die Menschen guten Willens weiter und weiter zur Entwicklung gebracht haben werden! Hören wir aus dem sechsten Sendschreiben den ersten Satz:

«Und dem Engel der Gemeinde in Philadelphia schreibe: Das sagt der Heilige, der Wahrhaftige, der da hat den Schlüssel Davids, der auftut, und niemand schließt zu, und der zuschließt, und niemand tut auf!»

Der «Schlüssel Davids», dies ist der wunderbare und alles entscheidende Begriff des sechsten Sendschreibens, in dem sich ausdrückt, was jeder aufrichtige, in Richtung Philadelphia fortschreitende Mensch, an innerer Qualität zu erlangen vermag!

Was besagt dieser Begriff genau? Rudolf Steiner drückt es 1908 in Nürnberg bei seinem dritten Vortrag zur Johannes-Apokalypse mit folgenden Worten aus:

«Der Mensch wird sein ICH entwickeln zur richtigen Höhe, so dass er selbstständig wird und in Freiheit die Liebe jedem anderen Wesen entgegenbringt im sechsten Zeitraum, der repräsentiert ist durch die Gemeinde Philadelphia. Das soll als spirituelles Leben des sechsten

Zeitraumes vorbereitet werden. Da werden wir das individuelle Ich in höherem Grade in uns gefunden haben, so dass keine äußere Kraft mehr in uns hineinspielen kann, wenn wir es nicht wollen; so dass wir zuschließen können und niemand ohne unseren Willen aufschließt, und wenn wir aufschließen, keine entgegengesetzte Macht zuschließt. Das ist der ‹Schlüssel Davids›, das Ich, das in sich selbst sich gefunden hat.»

Das ist die Blüte, die wir alle, über die Bewusstseinsseelenentwicklung hinaus, erlangen können. Und die großen Wesenheiten, die uns in diesen Zeitraum, der ab etwa 3500 nach Christus im eigentlichen beginnt, zu führen imstande sind, sie sind im Besitz dieses Schlüssels, sonst könnten sie uns ja nicht da hinein führen! So ist es im Besonderen Johannes/Christian Rosenkreutz, der durch keine Macht des Bösen von seinem Weg der wahren Christus-Dienerschaft abgebracht hat werden können. Und so ist es eben auch Kaspar Hauser, dessen Liebeskraft durch keine Macht des Bösen geraubt hat werden können. Wer so lebt und stirbt wie er; wer auf dem Sterbebett sagen kann, dass keiner ihm jemals etwas getan habe; wer gar seine Täter um Verzeihung bitten kann dafür, dass sie an ihm zu Tätern wurden; wer sagen kann, dass Gott ihm immer nur die besten Menschen gegeben habe, trotz aller bestialischer Bösartigkeit, die auf ihn einwirkte, der ist Träger des Schlüssel Davids. Der vermag in Freiheit, so wie Rudolf Steiner es sagt, «die Liebe jedem anderen Wesen entgegenzubringen».

Kaspar Hauser zeigt uns den Weg auf, wie auch wir zu Trägern dieses Schlüssels werden können. So schwer dies jetzt auch noch erscheint. Aber es ist möglich! Wir müssen es jetzt auch noch nicht gänzlich vermögen, aber wir müssen guten Willens sein, es bereits jetzt üben zu wollen, damit wir es eines Tages vermögen. Wann, wenn nicht jetzt? Denn von alleine wird Philadelphia sich nicht ereignen.

Und warum ist die Qualität Philadelphias von so enorm wichtiger Bedeutung? Weil wir von der siebten nachatlantischen Kulturepoche, Laodicea, keine weiterführenden Impulse mehr zu erwarten haben. Das heißt, ob wir über den «Krieg aller gegen alle» zu gelangen vermögen, um somit in die nächste Epoche der Erdentwicklung, dem Siegel-Zeitalter, münden zu können, das entscheidet sich bereits in der nächsten Kulturepoche, Philadelphia.

Neben Johannes/Christian Rosenkreutz ist es Kaspar Hauser, der uns einlädt, «als Bruder und Schicksalsgefährte sowohl in allen Prüfungen als auch im inneren Königtum und in der ausharrenden Kraft», in Richtung Philadelphia zu schreiten!

Im sechsten Sendschreiben heißt es noch: «Halte, was du hast, dass niemand deine Krone nehme!» Dies aber ist auch der Satz, den Pfarrer Fuhrmann zu Kaspar Hauser spricht bei dessen Konfirmation. Als das Kind Europas vor dem Altar kniet und sich zu Christus Jesus bekennt, da spricht der Geistliche zu ihm: «Wandle vor Gott und sei fromm, so wird dir niemand deine Krone rauben!»

Ja, liebe Verbündete, lassen wir uns nicht unsere Krone rauben und seien wir uns gewiss, dass wir den Schlüssel Davids erringen können, sodass wir würdig werden, eines Tages gemeinsam die Gemeinde *Philadelphias* zu begründen. Und so wir eines Beistandes auf diesem Wege bedürfen, so können wir uns erinnern: keine Macht des Bösen konnte Kaspar Hauser daran hindern, zu lieben!

Ich danke Ihnen von ganzen Herzen!

Kaspar Hausers Bitte

Frage nicht nach meiner Identität, frage nach der Deinigen!
Frage nicht nach meiner Herkunft, frage nach der Deinigen!
Und im Erkennen Deiner Identität,
und im Erkennen Deiner Herkunft
wird sich Dir offenbaren
auch Dein «Wohin»!

Dass Dir dieses «Wohin» aber als offene Türe gegeben ist,
das wiederum steht in Verbindung zu meiner Identität,
zu meiner Herkunft!

Aber wohlgemerkt:

Ich bin nicht die Tür, ich bin nur der, der sie offen hielt.

LITERATUR UND QUELLENTEXTE

Emil Bock (Übersetzung), Das Neue Testament, Verlag Urachhaus 1999

Eckart Böhmer: Kaspar Hauser und die Frage ward Fleisch, Info3 Verlag 2016

Eckart Böhmer: Kaspar der Schatzhüter, Info3 Verlag 2020

Georg Friedrich Daumer, Anselm Ritter von Feuerbach: Kaspar Hauser, Eichborn Verlag 1995.

Karl Heyer: Kaspar Hauser und das Schicksal Mitteleuropas im 19. Jahrhundert, Kreßbronn 1958

Irene Tetzlaff: Unter den Flügeln des Phönix, Mellinger Verlag 1992

Peter Tradowsky: Kaspar Hauser oder das Ringen um den Geist, Philosophisch-Anthroposophischer Verlag 1980

Ita Wegman: Im Anbruch des Wirkens für eine Erweiterung der Heilkunst nach geisteswissenschaftlicher Menschenkunde – Die gesammelten Aufsätze aus der «Natura», Natura Verlag 1974

Webseite des Kaspar Hauser Forschungskreises:
www.kaspar-hauser.net

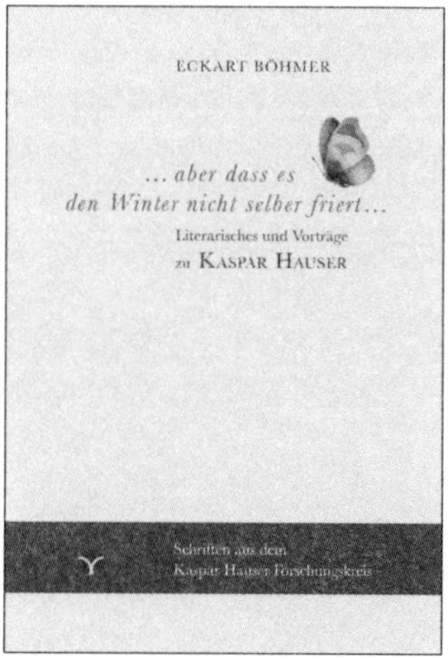

ECKART BÖHMER

... aber dass es den Winter nicht selber friert

Literarisches und Vorträge zu Kaspar Hauser

162 Seiten, Klappenbroschur, € 18,00

ISBN 978-3-95779-061-3

Dieses Werk versammelt literarische Arbeiten und Vorträge von Eckart Böhmer zu Kaspar Hauser aus den Jahren 2012 bis 2017 und bildet den ersten Band der Schriften aus dem Kaspar Hauser Forschungskreis. Unter anderem sind hier zwei Vorträge (in deutscher Fassung) abgedruckt, die 2017 im Rahmen eines Kaspar Hauser Festivals in Copake, New York State, gehalten wurden.

Inhalt:

Kaspar Hauser – Das Kind Europas. Eine Zusammenschau
Tote wissen mehr. Ein Theaterstück
Der versiegelte Ofen. Ein Märchen
Des Volkes Geist. Gedicht
Zwei Vorträge:
Die unerfüllte Mission des Erbprinzen
Die erfüllte Mission Kaspar Hausers

www.info3-verlag.de

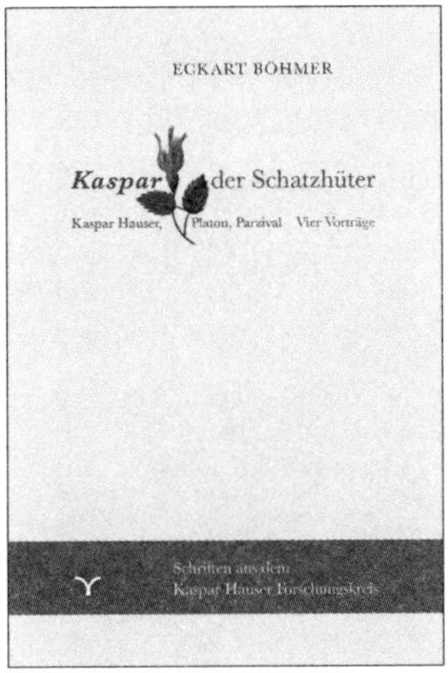

ECKART BÖHMER

Kaspar, der Schatzhüter

Kaspar Hauser, Platon, Parzival. Vier Vorträge

104 Seiten, Klappenbroschur, € 12,90

ISBN 978-3-95779-119-1

Georg Friedrich Daumer, Lehrer Kaspar Hausers, erkennt in seinem Schüler eine «rigoroseste Wahrheitsliebe» und Rudolf Steiner spricht von Kaspar Hausers «eingeborener Wahrhaftigkeit».

Was ist dies für ein Wesen, das zu Beginn des materialistischen Zeitalters mit solch einer außerordentlichen Signatur in Erscheinung tritt? Und was hat er uns Heutigen zu sagen, die wir in einer Zeit leben, die so großzügig wie nachlässig mit der Wahrheit umgeht?

Das „Kind Europas", wie Kaspar Hauser bereits zu Lebzeiten genannt wurde, steht in tiefer Verbindung zur Wahrheitsfähigkeit des Menschen an sich. Und somit vermochte er, trotz aller Gegenkräfte, seine innerste Mission zu verwirklichen, indem er gleich einem Schatzhüter Höchstes vor dem Verlust bewahrte.